Estimation de la consommation d'énergie des systèmes multiprocesseurs

Hayet Slimani Khaldi

Estimation de la consommation d'énergie des systèmes multiprocesseurs

Conception d'un modèle à base de l'approche UML

Éditions universitaires européennes

Mentions légales / Imprint (applicable pour l'Allemagne seulement / only for Germany)
Information bibliographique publiée par la Deutsche Nationalbibliothek: La Deutsche Nationalbibliothek inscrit cette publication à la Deutsche Nationalbibliografie; des données bibliographiques détaillées sont disponibles sur internet à l'adresse http://dnb.d-nb.de.
Toutes marques et noms de produits mentionnés dans ce livre demeurent sous la protection des marques, des marques déposées et des brevets, et sont des marques ou des marques déposées de leurs détenteurs respectifs. L'utilisation des marques, noms de produits, noms communs, noms commerciaux, descriptions de produits, etc, même sans qu'ils soient mentionnés de façon particulière dans ce livre ne signifie en aucune façon que ces noms peuvent être utilisés sans restriction à l'égard de la législation pour la protection des marques et des marques déposées et pourraient donc être utilisés par quiconque.

Photo de la couverture: www.ingimage.com

Editeur: Éditions universitaires européennes est une marque déposée de
Südwestdeutscher Verlag für Hochschulschriften GmbH & Co. KG
Heinrich-Böcking-Str. 6-8, 66121 Sarrebruck, Allemagne
Téléphone +49 681 37 20 271-1, Fax +49 681 37 20 271-0
Email: info@editions-ue.com

Produit en Allemagne:
Schaltungsdienst Lange o.H.G., Berlin
Books on Demand GmbH, Norderstedt
Reha GmbH, Saarbrücken
Amazon Distribution GmbH, Leipzig
ISBN: 978-3-8417-9020-0

Imprint (only for USA, GB)
Bibliographic information published by the Deutsche Nationalbibliothek: The Deutsche Nationalbibliothek lists this publication in the Deutsche Nationalbibliografie; detailed bibliographic data are available in the Internet at http://dnb.d-nb.de.
Any brand names and product names mentioned in this book are subject to trademark, brand or patent protection and are trademarks or registered trademarks of their respective holders. The use of brand names, product names, common names, trade names, product descriptions etc. even without a particular marking in this works is in no way to be construed to mean that such names may be regarded as unrestricted in respect of trademark and brand protection legislation and could thus be used by anyone.

Cover image: www.ingimage.com

Publisher: Éditions universitaires européennes is an imprint of the publishing house
Südwestdeutscher Verlag für Hochschulschriften GmbH & Co. KG
Heinrich-Böcking-Str. 6-8, 66121 Saarbrücken, Germany
Phone +49 681 3720-310, Fax +49 681 3720-3109
Email: info@editions-ue.com

Printed in the U.S.A.
Printed in the U.K. by (see last page)
ISBN: 978-3-8417-9020-0

A mon père,

A ma mère,

A mon mari Chokri

A ma petite Mayssouma

A mes soeurs et mes frères,

Que ce travail soit un témoignage modeste de mon profond dévouement et ma reconnaissance pour tous les efforts qu'ils ne cessent de fournir.

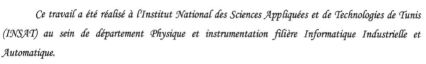

Ce travail a été réalisé à l'Institut National des Sciences Appliquées et de Technologies de Tunis (INSAT) au sein de département Physique et instrumentation filière Informatique Industrielle et Automatique.

Je voudrai exprimer toute ma reconnaissance à Monsieur Abderrazak JEMAÏ, qui a encadré mes travaux et qui s'est toujours soucié de m'offrir, de tout point de vue, les meilleures conditions de travail possibles.

Je remercie aussi mon professeur Ahmed Chiheb AMMARI et Mlle Chiraz Trabelsi pour leurs aides et leurs soutiens.

TABLE DES

MATIERES

6

Introduction

Ce travail s'inscrit dans le contexte de l'estimation et l'évaluation des performances des systèmes monopuce multiprocesseurs (MultiProcessor System on Chip ou MPSoC). Ces systèmes sont constitués de plusieurs sous-systèmes de natures différentes (matériels, logiciel et interconnexion), ce qui en fait un système hétérogène.

Les systèmes hétérogènes sont de plus en plus exploités pour satisfaire de fortes contraintes de performance, coût et énergie consommée. Les MPSoC[1] sont utilisés en fait dans divers domaines comme les télécommunications, l'avionique, l'automobile, la photo numérique, les appareils domestiques, les implants médicaux, etc. Il est crucial de maîtriser la conception de tels systèmes tout en respectant les objectifs de performance et les contraintes de mise sur le marché.

Le terme « performance » est un mot très souvent utilisé dans la conception. La performance est le critère de base pour la conception, la sélection et l'utilisation des systèmes intégrés. Sans doute, les objectifs importants de conception sont de fixer les demandes de performance, de pouvoir comparer différents alternatives et de choisir celui qui respecte le mieux ces demandes. Il est naturel d'associer une phase d'évaluation des performances avec chaque étape de conception pour choisir la réalisation optimale.

Malgré tous les outils existants pour l'évaluation des performances, un outil générique, rapide et précis et qui prend en compte le système MPSoC global, n'existe toujours pas. Cela est dû principalement à la conjonction de plusieurs facteurs comme l'hétérogénéité des systèmes MPSoC, l'incompatibilité des outils et le compromis vitesse/précision.

Pour minimiser le temps de conception, il est nécessaire de minimiser le temps de l'étape d'évaluation des performances et les retours arrière doivent être évités. Une étape

---

[1] MPSoC : Multiprocessor System on Chip

d'évaluation de performances rapide et moins coûteuse peut être obtenue très tôt au cycle de conception. La précision de l'évaluation de performances intervient pour minimiser les retours arrière. Si un niveau bas de conception est utilisé, on aura l'avantage de la précision ; mais la contrepartie est : une vitesse lente de simulation, une conception déjà détaillée et par conséquent des retours en arrière coûteuses, des surcoûts dus à la modélisation du système. Pour cela, il y a souvent le cas ou les concepteurs utilisent des modèles de systèmes de haut niveau, annotés avec informations collectionnées des niveaux bas.

En effet, l'un des défis majeurs dans la conception des MPSoC d'aujourd'hui, est la réduction de la phase d'évaluation des différentes alternatives de conception. Ces alternatives sont représentées par un espace de solutions MPSoC très large.

L'augmentation de la complexité de conception des MPSoC nécessite des outils de conception puissants. Nous avons en effet besoin d'outils pour concevoir des systèmes sur puce de façon plus rapide et plus efficace en termes d'exploitation des ressources matérielles disponibles. Or, cet objectif ne peut être atteint qu'avec une étude des difficultés de conception afin de proposer des solutions pertinentes. Dans ce cadre, une étude d'estimation de la performance et de la consommation d'énergie est obligatoire afin de prendre tôt la décision de l'architecture de conception.

En effet, La mise en oeuvre de la co-simulation des systèmes MPSoC nécessite des outils d'estimation de performance et de consommation d'énergie. Alors, ces outils sont utiles pour une comparaison fiable des solutions architecturales. Au fur et à mesure que la modélisation se rapproche des niveaux les plus bas, l'espace de solutions architecturales se réduit en se basant sur des critères définis. Le défi dans chaque niveau d'abstraction est de développer des outils d'estimation de performance et de la consommation tout en maintenant un niveau minimum de précision afin de garantir la fiabilité de l'exploration.

Notre travail propose alors une solution permettant l'évaluation de l'énergie consommée par les systèmes MPSoC en effectuant une simulation mixte matérielle/logicielle. Cette solution aide les concepteurs de ces systèmes à faire le bon compromis entre leur performance et ce qu'elle nécessite en termes d'énergie.

L'objectif général encadrant ce travail est de concevoir un méta- modèle générique pour l'estimation de la consommation d'énergie des différents composants d'un système MPSoC (processeur, mémoire cache, RAM, interconnexion, etc.) et générer automatiquement le code SystemC relatif aux composants de l'estimation ainsi qu'effectuer une simulation de cette estimation avec les composants de la bibliothèque SoCLib au niveau CABA.

En fait, cette solution permettant aux concepteurs d'associer à chaque composant de l'architecture de son système un module d'estimation de la consommation d'énergie, ainsi qu'un module d'estimation globale lié à tous les modules d'estimation des composants.

Notre document est composé de trois principaux chapitres :

Chapitre 1 : Flots de conception des MPSoC

Dans ce chapitre nous présentons le contexte de notre travail qui décrit le codesign et la co-simulation, les différents flots de conception ainsi que leurs niveaux d'abstraction, les langages et outils de conception des SoC.

Chapitre 2 : Estimation de la consommation des MPSoC

Dans ce chapitre, nous avons essayé de donner les types de consommations, état de l'art des anciens travaux, définir l'estimation de consommation au niveau CABA, aborder notre approche de conception et donner les modèles de composants de la bibliothèque SoCLib.

Chapitre 3 : Conception, réalisation et co-simulation

Ce chapitre décrit notre conception basée sur l'approche modèle, les différentes phases de réalisation des estimateurs de consommation ainsi que les adaptateurs d'interfaces et enfin les résultats de simulation donnés par les composants de la bibliothèque SoCLib.

CHAPITRE 1

Flots de conception des MPSoC

1.1 Introduction

Les systèmes MPSoC, sont apparus grâce à l'évolution de la technologie de fabrication des circuits intégrés qui a permis l'intégration de plusieurs composants sur une seule puce. Ces systèmes ont rapidement pris une place importante dans le domaine de la microélectronique car ils intègrent dans un même circuit plusieurs processeurs, de nombreux composants numériques spécialisés et hétérogènes (mémoires, périphériques, unités de calcul spécifiques), du logiciel et souvent des circuits mixtes pour fournir un système intégré complet.

Les systèmes MPSoC sont généralement dédiés aux applications spécifiques dans des domaines différents comme par exemple dans le domaine de l'automobile, des télécommunications et du multimédia et leur diversité ne cesse pas d'accroître.

Différentes architectures multiprocesseur peuvent être modélisées, simulées et évaluées suivant l'application dédiée. Ces dernières peuvent contenir un nombre variable de processeurs, d'accélérateurs matériels, de périphériques d'entrées/sorties, etc. La figure 1.1 donne un exemple d'architecture MPSoC à base de ces composants. Cet exemple d'architecture [1] convient en général aux applications de traitement de signal intensif nécessitant des moyens de calcul parallèles importants.

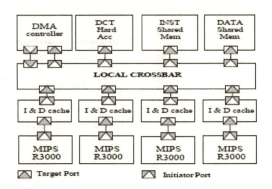

Figure 1.1 - *Exemple d'architecture MPSoC [1]*

1.2 Concepts de base pour la modélisation des systèmes monopuce

La conception des systèmes sur puce est une tâche très difficile. Elle doit être adaptée à l'application ou aux domaines d'application spécifiques au développement de ces systèmes. En fait, la construction d'un système sur puce se fait selon des contraintes propres et nécessite l'utilisation des composants spécifiques à certaines fonctionnalités.

L'abstraction est le concept de base le plus utilisé pour la modélisation des systèmes sur puce. Elle permet à la conception de circuits de commencer à partir d'un modèle abstrait fonctionnel, on dit aussi comportemental. Le fait de pouvoir décrire ce modèle de l'architecture globale du système et d'abstraire les composants, permet de réduire la complexité du système en cachant certaines caractéristiques des composants qui ne sont pas essentielles dans une ou l'autre des étapes de la conception. Ainsi on pourra simuler et valider le système à partir de ce modèle abstrait donnant la description structurelle du circuit et permettre la génération automatique du code du logiciel ou du matériel.

1.3 Complexité de la conception des systèmes sur puce

Le grand défi pour les concepteurs est de réussir à maîtriser la complexité lors de la conception des systèmes embarqués et d'arriver à une conception rapide des systèmes sur puce sous de fortes contraintes de qualité et de temps de développement. Pour dépasser ce défi, les nouvelles méthodes de conception sont basées sur des concepts d'abstraction de haut niveau ainsi que le raffinement jusqu'à atteindre le niveau bas tout en estimant les performances du système afin de déterminer une architecture moins consommable en énergie et simulable dans un temps réduit.

L'augmentation de la complexité de conception des MPSoC nécessite des outils de conception puissants. On a en effet besoin d'outils pour concevoir des systèmes sur puce de façon plus rapide et plus efficace en termes d'exploitation des ressources matérielles disponibles. Or, cet objectif ne peut être atteint qu'avec une étude des difficultés de conception afin de proposer des solutions pertinentes.

La mise en oeuvre de co-simulation des systèmes MPSoC nécessite des outils d'estimation de performance et de consommation d'énergie. En effet, ces outils sont utiles pour une comparaison fiable des solutions architecturales. Au fur et à mesure que la modélisation se rapproche des niveaux les plus bas, l'espace de solutions architecturales se réduit en se basant sur des critères définis. Le défi dans chaque niveau d'abstraction est de développer des outils d'estimation de performance et de consommation d'énergie tout en maintenant un niveau minimum de précision afin de garantir la fiabilité de l'exploration.

Une première difficulté de conception réside dans les différents modèles utilisés pour décrire les composants à chaque niveau d'abstraction. La conception de systèmes sur puce multiprocesseur consiste à raffiner, optimiser et synthétiser les spécifications du circuit en descendant dans les niveaux d'abstraction. L'étape de raffinement d'un niveau d'abstraction au suivant consiste à donner plus de détails sur la réalisation des composants du système. On décompose ainsi le problème de conception en un ensemble de petits problèmes traités consécutivement, en donnant la possibilité au concepteur de se focaliser sur différentes difficultés séparément jusqu'à la réalisation physique du circuit. Le chemin de raffinement dans la conception n'est pas unique et il dépend des connaissances du concepteur, des outils et des composants disponibles, du type d'architecture ciblée, ainsi que la méthode de conception choisie, et il peut différer pour chaque composant du système. Les techniques de raffinement consistent en la génération d'un modèle structurel à partir d'un modèle comportemental. La synthèse est triviale quand il s'agit de générer un modèle structurel, sans se préoccuper de la performance. Mais elle s'avère beaucoup plus fastidieuse quand il s'agit d'optimiser et de générer un circuit plus performant. L'optimisation conduit généralement à l'introduction de la logique qui n'est pas explicitement présentée dans la description comportementale pour produire la description structurelle. Alors une modification de la description initiale est nécessaire. De plus, l'étape de synthèse regroupe plusieurs étapes de raffinement, synthèse, analyse, et optimisation, ce qui rend difficile la compréhension du flot de conception.

On peut définir un ensemble d'étapes pour la conception des systèmes sur puce, qui correspond à un flot de conception. Le flot de conception réside dans la transformation d'une description du système d'un niveau d'abstraction plus élevé à un autre plus bas.

En effet, il est difficile de définir un flot de conception unique et universel. Car pour chaque étape de la conception sont associés plusieurs outils de conception qui utilisent plusieurs représentations différentes du système pour un niveau d'abstraction, ce qui signifie qu'il existe plusieurs façons de décrire le système pour un même niveau. Il est aussi possible de représenter un système comme un ensemble de composants, chacun décrit à un niveau d'abstraction différent. On peut ajouter aussi les nombreux langages qui sont développés pour couvrir les étapes de conception.

1.4 Codesign et Co-simulation des systèmes sur puce

La complexité de conception des SoC augmente de plus en plus. Les raisons de cette augmentation sont :

– L'augmentation du niveau d'intégration des transistors sur une même puce.

– L'hétérogénéité des architectures proposées qui devient nécessaire pour respecter les contraintes imposées par l'application.

– La taille croissante des nouvelles applications que ces systèmes tentent de supporter.

– Un nombre important de contraintes à respecter telles que le "time-to-market", le coût final du système et la fiabilité.

Pour simplifier cette complexité, la conception conjointe logicielle/matérielle, où le codesign vient résoudre ce problème. Le codesign permet de concevoir le matériel et le logiciel ensemble pour faire l'implémentation. Il permet de repousser le plus loin possible, dans la conception du système, les choix matériels à faire contrairement à l'approche classique.

Ainsi, plusieurs travaux ont été faits pour décrire les étapes de conception dans une logique d'abstraction et de raffinement. Plusieurs types de flots de conception sont définis alors selon le besoin du concepteur et selon l'environnement de conception pour pouvoir modéliser, vérifier et simuler leur système embarqué.

1.4.1. Flots de conception

La conception des SoCs couvre un large spectre de compétences allant de la modélisation de l'application par agrégation de plusieurs composants fonctionnels, en passant par l'assemblage de composants physiques, la vérification et simulation du système, jusqu'à la synthèse du produit final sur une puce.

En fait, la conception des SoC se fait grâce à la conception conjointe logicielle matérielle ou codesign. Le codesign permet de développer conjointement les diverses parties d'un système hétérogène (logiciel, matériel, interconnexion, etc.). Ainsi, la conception conjointe logicielle/matérielle tente d'apporter une solution efficace aux problèmes posés par la conception.

Il n'existe pas un unique flot de conception de systèmes embarqués mais plusieurs qui sont basés sur des outils différents avec leurs avantages et leurs inconvénients qui peuvent être la spécification de départ et la manière dont les raffinements sont effectués.

Mais on peut extraire un flot de conception théorique qui est commun aux différentes méthodes. La figure 1.2 définit un flot de conception générique du codesign.

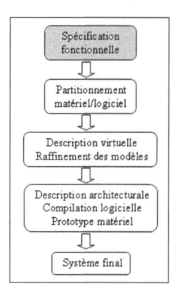

Figure 1.2 - Flot générique de Codesign

Plusieurs travaux ont proposé différents flots pour la conception des systèmes sur puce, on cite par exemple le flot général défini par [2] adopté par le groupe SLS-TIMA et celui en Y proposé par Gajski et Kuhn [3] adopté par l'équipe de LIFL.

Le flot de conception général des systèmes sur puce est défini par plusieurs étapes de conception. Chaque étape de conception est réalisée dans un niveau d'abstraction bien définie. En fait, chaque niveau correspond à une phase de conception des systèmes sur puces. Le passage systématique d'un niveau d'abstraction à un autre détermine un flot de conception. Ce flot de conception est généralement divisé en deux parties principales : une partie frontale (front-end), qui consiste à raffiner une spécification initiale pour produire une description de haut niveau du système et une partie dorsale (back-end) qui réalise les étapes de conception physique du matériel pour produire la topologie du système.

La partie frontale du flot de conception s'intéresse à la fonctionnalité, indépendamment de l'implémentation finale. Elle sera utilisée pour explorer des solutions différentes afin de fixer une architecture finale qui sera réalisée. La partie dorsale comprend la conception des parties matérielles en passant par la conception logique et la conception physique.

La figure 1.3 montre les différentes étapes de conception des systèmes sur puce multiprocesseur définit par [2].

La conception des systèmes MPSoC se décompose en plusieurs étapes et commence avec une description à un haut niveau d'abstraction [4] pour s'affranchir à de nombreux détails de réalisation. La première étape présente la phase de conception au niveau système. A ce niveau de conception, le circuit est décrit par un ensemble de tâches communiquant par des services de communication. Il est utilisé pour valider par simulation la fonctionnalité et les relations temporelles entre les composants.

La deuxième étape consiste à allouer les tâches dans des ressources matérielles ou logicielles capables de réaliser les fonctions décrites. C'est l'espace d'exploration d'architectures qui détermine l'implémentation logicielle ou matérielle de tous les composants. Il faut donc déterminer les parties du système qui seront implémentées en logiciel (programme s'exécutant sur un processeur) et celles qui le seront en matériel (composants physiques). On obtient alors un ensemble de spécifications pour les parties logicielles, matérielles et les interfaces entre les différents composants de l'architecture.

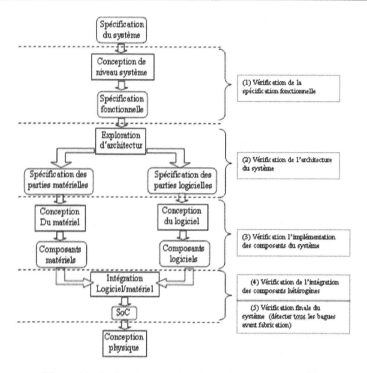

Figure 1.3 - *Le flot de conception des systèmes monopuce [2]*

Cette macro-architecture peut être utilisée par les différentes équipes pour réaliser les composants matériels, les composants logiciels et l'intégration des différents composants. Le résultat de raffinement de ces spécifications est une micro-architecture du système décrit au niveau de bus fonctionnel. Ce modèle contient tous les détails de la communication entre les composants.

Les couches de communication logicielle peuvent comporter un système d'exploitation spécifique. Les couches de communication matérielles comportent les bus et autres dispositifs permettant de réaliser le transfert des informations entre les composants. Les blocs matériels sont raffinés au niveau cycle près. Pour établir la communication entre les composants matériels, des interfaces de communication sont nécessaires pour adapter les différents protocoles et le type de données. Ces adaptateurs de communication font la connexion entre les composants matériels (processeur, RAM, mémoire cache, etc.) et le réseau de communication. Ils peuvent être complexes incluant une partie logicielle (pilotes des contrôleurs d'entrées/sorties) et une partie matérielle (composants d'interface). Les composants logiciels communiquent entre eux et avec l'extérieur via des appels système au système d'exploitation (OS ou Operating System). La phase d'intégration logiciel/matériel est le passage du niveau de bus fonctionnel au niveau transfert de registres. Cette étape de conception utilise la synthèse comportementale ou l'assemblage automatique des composants existants pour permettre de gagner du temps par rapport à une conception complète de tous les composants matériels du système. Elle va générer une représentation structurelle du système constitué d'une partie opérative et une partie de contrôle pour le transfert et le calcul des données et un programme en assembleur pour la partie logicielle. Cette représentation structurelle est employée d'une part pour vérifier correctement l'exécution du logiciel sur les composants programmables ou sur les processeurs ciblés, mais aussi pour valider l'intégration correcte et les échanges d'informations exactes entre les composants matériels.

La dernière phase est l'étape de conception physique. La synthèse au niveau transfert de registres permet de générer la vue structurelle du circuit. La synthèse de niveau circuit consiste à transformer un ensemble d'équations en un schéma en transistors.

Par ailleurs, le flot de conception ROSES [41] développé au sein du groupe SLS TIMA se base sur les étapes de ce flot de conception général.

Le flot de conception en Y ou « Y Chart » a été présenté par Gajski et Kuhn [3] en 1983 pour décrire les étapes de conception pour les circuits VLSI (Very Large Scale Integration). Une description détaillée de ce flot sera abordée dans la section 1.4.2.

Comme exemple de flot utilisant le « Y Chart », On peut citer le flot de conception Gaspard [35] qui s'articule autour de plusieurs niveaux d'abstractions. Les concepts et la sémantique de chacun de ces niveaux sont capturés dans des méta-modèles.

1.4.2. Flot de conception en Y

1.4.2.1. Description du flot

Dans ce modèle, le système est décrit selon trois vues : structurelle (la description électronique), comportementale (la description fonctionnelle) et géométrique (le résultat physique). Aujourd'hui, plusieurs travaux s'inspirent de ce modèle Y pour organiser les phases de codesign dans un SoC, on cite par exemple le flot de conception Gaspard2 sur lequel se base notre travail. La figure 1.4 détaille cette organisation. Dans les premières phases de conception, les deux parties matérielle et logicielle sont développées parallèlement et séparément. De ce fait, la conception de la partie logicielle peut commencer avant que la conception de l'architecture ne soit complètement terminée ce qui réduit le temps de conception. Pour une plus grande réduction du temps de simulation, les développeurs ont recourt à la réutilisation de composants déjà existants. Ces derniers, connus sous le nom de blocs IP pour "Intellectual Property", peuvent provenir de développements internes à un groupe de concepteurs ou peuvent être acquis auprès d'un fournisseur tiers et intégrés au flot de conception.

Dès que les premières étapes de spécification sont franchises pour les deux parties, une phase d'association qui consiste à placer l'application sur les composants de l'architecture peut être réalisée. Les tâches de l'application seront placées sur les différents types de processeurs ainsi que les données et les instructions seront placées sur les différentes mémoires disponibles. Cette phase d'association est à la fois topologique (placement) et temporelle (ordonnancement). Une fois l'association terminée, la description du système est complète. Il est alors possible de vérifier les choix du concepteur sur les performances du système. En d'autres termes, on vérifie l'adéquation de la capacité de calcul des processeurs avec les demandes des tâches ainsi que la localité des données par rapport aux processeurs qui les manipulent. Plusieurs critères doivent être observés. Le premier est le bon fonctionnement du système, c'est-à-dire s'assurer que le SoC répond toujours correctement aux entrées. Le deuxième critère important est le temps d'exécution qui représente la durée nécessaire pour obtenir les sorties.

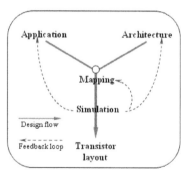

Figure 1.4 - Schéma d'organisation de la conception en Y [3]

L'approche la plus utilisée pour s'assurer de ces critères est la simulation conjointe des deux parties logicielle et matérielle appelée aussi la co-simulation. Elle consiste à simuler l'ensemble du système et à fournir au développeur des informations sur le déroulement de l'application sur la plateforme matérielle (le temps d'exécution, la consommation d'énergie, etc.). Ces informations permettent de localiser les points à optimiser/modifier dans le logiciel, dans le matériel ou dans l'association qui a été réalisée entre ces deux derniers. Dans la littérature, le terme co-simulation possède un sens plus large que simuler le logiciel et le matériel ensemble. En effet, il regroupe différents aspects de simulation tels que multi-modèle de calcul, multi-langage et multi-niveau [5].

Plusieurs environnements de co-simulation logicielle/matérielle issus des universités ou d'industriels ont été proposés. La plupart de ces environnements permettent la co-simulation pour la validation des systèmes au niveau RTL. Ils offrent la possibilité de simuler en parallèle du logiciel et du matériel. La partie logicielle est exécutée en utilisant un ou plusieurs simulateurs au niveau du jeu d'instructions (ISS pour Instruction Set Simulator) et la partie matérielle est exécutée sur un simulateur matériel au niveau RTL. Comme exemple d'environnement permettant ce type de co-simulation, on peut citer Mentor Graphics Seamless CVE [7] et CoWareN2C [8].

Certes ces outils offrent un bon niveau de précision mais ils sont incapables de s'adapter à la complexité des systèmes multiprocesseurs que les concepteurs visent. En l'occurrence, la co-simulation des deux parties logicielle et matérielle doit se faire dans des niveaux d'abstraction plus hauts. Généralement, un flot de conception intègre plusieurs niveaux d'abstraction pour la co-simulation du système. Ces niveaux offrent différent compromis entre la vitesse de simulation et la précision des résultats obtenus. Au fur et à mesure que la modélisation passe d'un niveau élevé à un autre plus bas, l'espace des solutions architecturales devient de plus en plus réduit. Ainsi, à la suite de nombreuses itérations entre la modification du système et la simulation, on obtient une solution de bonne qualité qui respecte jusqu'à un certain niveau les contraintes imposées.

1.4.2.2. Niveaux d'abstraction

L'utilisation de plusieurs niveaux de modélisation offre aux développeurs l'avantage de disposer d'un outil de simulation et d'estimation des performances dès les premières phases de conception. Même si le niveau de précision des estimations (vitesse d'exécution, consommation d'énergie, etc.) obtenu est relativement faible, l'objectif est d'éliminer de l'espace de recherche les solutions architecturales les moins performantes. Au prix d'une augmentation des temps de simulation, le niveau de précision peut être augmenté par un raffinement dans la description du système. Plusieurs travaux de recherches proposent une classification des niveaux d'abstraction, en allant du niveau le plus haut vers le niveau le plus bas. Une multitude de définitions des niveaux de modélisation existe. Généralement, les points de différence concernent soit la terminologie soit le niveau de précision dans l'estimation des performances dans les parties calcul et communication. Dans notre travail, nous avons adopté la classification utilisé par l'équipe West du laboratoire LIFL et qui est présentée par STMicroelectronics [1]. La figure 1.5 résume les niveaux d'abstraction que nous allons détailler dans la suite de cette section.

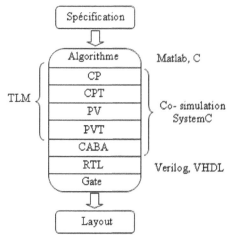

Figure 1.5 - *Les différents niveaux d'abstraction pour la description d'un SoC [1]*

a. Niveau Algorithme

La description de l'application est faite sous forme d'algorithmes connus et documentés à ce niveau d'abstraction. A ce niveau de description, l'architecture matérielle du système n'est pas définie et les algorithmes sont décrits dans des langages de haut niveau, comme Matlab ou C++. L'utilité de ce niveau est justifiée par la possibilité de réaliser une vérification fonctionnelle précoce de l'application via une exécution de celle-ci sur la machine hôte.

b. Niveau transactionnel : TLM

Depuis les premières publications sur TLM (Transaction Level Modeling) en 2000 [10, 11], plusieurs définitions et classifications des différents niveaux de TLM ont été présentées dans la littérature [12-15]. Toutes ces propositions ont en commun les points suivants :

- TLM est présenté comme une taxonomie de plusieurs sous-niveaux (CP, CPT, PV et PVT).
- Les aspects communications et calcul au niveau des composants sont séparés.
- Les transactions entre les modules sont simplifiées en utilisant des méthodes de communication qui sont appelées via des canaux [10].

Parmi les classifications existantes, les équipes de LIFL ont adopté celle qui a été proposée par Donlin [12] et sur laquelle se base notre travail.

- **Le sous-niveau processus communicant (CP** pour **Communicant processus)** : Dans le sous-niveau CP, l'application est découpée en tâches encapsulées dans des processus communicants. Dans CP, il est possible donc de mesurer la quantité d'opérations de communication entre les tâches. Ce sous niveau permet une première expression du parallélisme dans l'application sans se référer à l'architecture du système. Des annotations temporelles peuvent aussi être spécifiées au sous-niveau CP pour estimer le temps d'exécution. Dans ce cas, on obtient le sous-niveau CPT ce qui correspond à une modélisation sous forme de processus communicants temporisés.

- **Le sous-niveau Vue du Programmeur (PV** pour **Programmer's View)** : C'est uniquement à ce niveau que l'architecture du système est prise en compte et où la co-simulation logicielle/matérielle devient possible. La partie matérielle est représentée sous forme de composants de différents types (processeurs, mémoires, réseau d'interconnexion, etc.). Des modules de communication sont utilisés comme mécanismes de transport des données et des politiques d'arbitrage entre les requêtes sont appliquées au niveau des ressources partagées. La description des composants doit être suffisamment précise pour que le concepteur puisse exécuter l'application de façon similaire au système final. Ainsi, le sous-niveau PV permet une première vérification du système entier (logiciel et matériel). Néanmoins, les propriétés non fonctionnelles telles que le temps d'exécution ou la consommation d'énergie, sont soient omises soient approximées. Dans ce dernier cas, des annotations temporelles sont ajoutées à la description pour obtenir le sous-niveau PVT, qui correspond à un niveau "vue du programmeur temporisé". L'objectif dans PVT est d'atteindre des estimations de performance proches de celles obtenues par les bas niveaux de description.

c. Niveau Cycle Précis Bit Précis (CABA pour Cycle Accurate Byte Accurate)

Au niveau CABA, le système est décrit de façon précise d'un point de vue temps d'exécution des opérations. Il permet de simuler le comportement des composants au cycle près. Au niveau calcul, une description de la micro-architecture interne du processeur (pipeline, prédiction de branchement, cache, etc.) est réalisée. Au niveau communication, un protocole de communication précis au bit près est adopté. Cette description détaillée et fine du système permet d'améliorer la précision de l'estimation des performances, c'est pourquoi nous avons adopté ce niveau d'abstraction pour permettre l'estimation de la consommation d'énergie des systèmes MPSoC.

Au cours de ce travail, nous avons mis l'accent sur l'importance de la co-simulation logicielle/ matérielle pour la validation comportementale des MPSoC. Face à l'obstacle des temps de simulation résultant des outils traditionnels au niveau RTL, de nouvelles approches doivent être adoptées. Aujourd'hui, l'utilisation du niveau CABA pour co-simuler les MPSoC est devenue une solution préférée par les chercheurs académiques et industriels [33, 34]. Alors, nous avons adopté ce niveau pour décrire notre architecture.

d. Niveau RTL

La modélisation au niveau RTL correspond à la description de l'implémentation physique du système sous forme de blocs élémentaires (bascules, multiplexeurs, UALs, registres, etc.) et à l'utilisation de la logique combinatoire pour relier les entrées/sorties de ces blocs. En général, on utilise les outils de synthèse standard pour obtenir le masque (layout) du système à partir du niveau RTL.

1.4.3. Co-simulation logicielle/matérielle

La co-simulation est une technique qui permet la simulation parallèle et synchronisée avec plusieurs simulateurs différents logiciel et le matériel.

Puisque ces simulateurs échangent des données, l'adaptation et la synchronisation sont nécessaires. Ceci est habituellement exécuté à l'aide des interfaces de co-simulation et de l'environnement de co-simulation.

Les méthodes conventionnelles de co-simulation sont synthétisées en [80]. Ainsi, il existe différents modèles de co-simulation logicielle/matérielle, multi-niveaux, multilangages et multi-modèles sont abordés dans [80].

Plus généralement, deux principaux types de co-simulations existent : la co-simulation multi langage et la co-simulation à description unique.

Co-simulation multi langage : Dans ce type de co-simulation (figure 1.6), la description des entités reste dans les langages dans lesquelles ont été développées (VHDL, SystemC, C,...). La simulation de chacune de ces entités est réalisée avec le simulateur adapté et on fait communiquer les différentes simulations avec un bus de co-simulation pour que les simulations s'envoient les informations permettant une bonne simulation. Ces informations peuvent servir à la synchronisation des simulations, mais aussi être des choses à exécuter sur une autre simulation. Cette hétérogénéité des composants rend plus complexe la tâche de conception du fait qu'elle nécessite l'utilisation de plusieurs outils afin de réaliser la synchronisation.

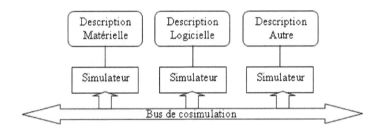

Figure 1.6 – *Co-simulation multilangage*

Co-simulation à description unique : Ce type de co-simulation (figure 1.7) vient remédier au problème de la synchronisation en utilisant un langage de description unique et donc un simulateur unique. Par ailleurs, les descriptions des différentes entités à simuler qui sont définis par des langages différents (VHDL, SystemC, C, ..) doivent être transformées vers une unique description dans un seul langage. Souvent le langage pour la description unique est un langage de programmation classique tel que le C pour que la simulation soit la plus rapide possible.

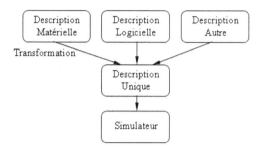

Figure 1.7 – Co-simulation avec description unique

1.4.4. Langages utilisés pour la conception des systèmes embarqués

Comme nous venons de le voir, il est important de pouvoir modéliser un système complet, comprenant des parties logicielles et matérielles, à plusieurs niveaux d'abstraction. Pour faciliter cette approche et permettre un passage rapide entre les niveaux, il serait intéressant d'utiliser un même langage de conception idéal qui doit couvrir tout le flot de conception tout en restant exécutable à tous les niveaux d'abstraction et tout en permettant les différents types d'utilisation, documentation, vérification, ou simulation et raffinement. Malheureusement, ce langage n'existe pas encore [21]. Etant donné que le logiciel est typiquement développé en C/C++ et le matériel en langage HDL (Hardware Description Language), plusieurs initiatives font aujourd'hui des efforts pour unifier le langage de description. Certaines initiatives tentent d'adapter le C/C++ à la description matérielle, d'autres cherchent à étendre les HDL à la description système [21].

L'objectif majeur des concepteurs est de réussir à évaluer les performances du système avant d'atteindre les phases finales de conception. Le succès dans cet objectif nécessite tout d'abord le choix d'un langage bien adapté à la description de haut niveau, permettant ainsi l'exécution du système tout entier dans un temps raisonnable avec consommation minimale.

a. Langage VHDL

VHDL est le langage de description matérielle le plus répondu dans le monde. Il est destiné à décrire le comportement et/ou l'architecture d'un système électronique numérique (fonction combinatoire et/ou séquentielle). La version initiale de VHDL est un standard de IEEE 1076-1987 [23]. Elle permet la description de tous les aspects d'un système matériel : son comportement, sa structure et ses caractéristiques temporelles.

b. Langage Verilog

Le langage de description matériel Verilog [24], est un autre standard IEEE 1364-1995 [25] qui a suivi un développement différent du langage VHDL. On peut noter que Verilog est plus spécialement conçu pour modéliser des circuits intégrés logiques. Verilog est aussi un langage moins verbeux que VHDL et qui hérite beaucoup du langage de programmation C.

Certaines approches ont étendu les langages utilisés en informatique pour la programmation (C, C++) en y ajoutant les concepts spécifiques aux matériels. Le choix de ces langages se base sur trois raisons principales : ils fournissent le contrôle et le type de données nécessaires, la plupart des systèmes contient des parties matérielles et logicielles et donc l'un de ces langages représente un choix naturel pour la partie logicielle. De plus les concepteurs sont familiers avec ces langages et les outils conçus autour.

c. Langage SystemVerilog

Le langage SystemVerilog [24] présente une autre approche que SystemC ou VHDL. En effet, il résulte de l'extension du langage standard de description matérielle Verilog.

d. Langage SpecC

SpecC [29] est un langage de description et de spécification système basé sur le standard C, avec des extensions syntaxiques. Au-delà du langage lui-même, les travaux menés par l'équipe de D. Gajski introduisent des concepts intéressants pour la modélisation système ainsi que des techniques de raffinement [21].

e. Langage SystemC et la librairie TLM

SystemC [27] est une plate-forme de modélisation composée de librairies de classes C++ et d'un noyau de simulation. Il introduit de nouveaux concepts (par rapport au C++ classique) afin de supporter la description du matériel et ses caractéristiques inhérentes comme la concurrence et l'aspect temporel. Ces nouveaux concepts sont implémentés par des classes C++ tels que les modules, les ports, les signaux, les FIFO, processus (threads et methods), etc., permettant ainsi de faire la conception à différents niveaux d'abstraction. L'initiative SystemC se développe dans le cadre de l'OSCI (Open Source systemC Initiative) qui est chargée de diffuser, promouvoir et rédiger les spécifications de SystemC.

Par ailleurs, l'utilisation de SystemC pour modéliser les différents composants d'un système embarqué autorise l'utilisation d'un seul moteur de simulation. Ceci se traduit par un gain en temps de simulation et évite principalement l'utilisation des techniques de synchronisation entre différents moteurs de simulation.

La librairie TLM est parmi les principaux attraits de SystemC. Elle définit de nouveaux concepts permettant de supporter la description du matériel et du logiciel au niveau transactionnel.

Comme en Verilog ou VHDL, un système est une hiérarchie d'objets. Généralement, ce sont des modules imbriqués et/ou des processus. Les modules communiquent entre eux par des canaux. Le plus haut de la hiérarchie d'un système complet n'est pas un module top (comme on en a l'habitude en Verilog/VHDL), mais la fonction SystemC sc_main (l'équivalent du main des programmes en C).

Au cours de notre simulation des estimateurs de la consommation, le standard SystemC a été adopté comme langage de description des différentes entités du système MPSoC. En effet, les spécificités de ce langage répondent le mieux à notre problématique de simulation au niveau CABA. Plusieurs classes ont été utilisés dans la description des composants et dans le développement des modules d'estimation de la consommation comme par exemple les classes : modules, ports, interfaces, canaux, processus, signaux, etc.

❖ **Signaux**

Les signaux peuvent être associés à un module, et sont utilisés pour connecter les ports des modules de niveau inférieur ensemble. Ces signaux représentent les fils d'interconnexion pour faire l'implémentation physique de la conception. Les signaux ne sont pas déclarés avec un mode tels que les in, out ou inout. La direction de la transmission des données dépend du mode de port de connexion des composants.

❖ **Modules**

Un *module* en SystemC est composé d'autres modules, de canaux de communication entre ces modules (signaux, ou canaux plus abstraits), et éventuellement de processus.

❖ **Canaux**

Les canaux sont les moyens de communication entre les modules. Ils peuvent être basiques et concrets (signaux), ou plus évolués / plus abstraits (FIFO, réseau Ethernet, ...). Ils peuvent aussi contenir d'autres canaux, voire même des modules si ce sont des canaux de très haut niveau. On branche un canal à un module par l'intermédiaire d'un port, ce port devant déclarer l'interface implémentée par le canal. L'intérieur du module peut alors accéder au canal en appelant les fonctions déclarées dans l'interface.

❖ **Processus**

Les processus en SystemC sont similaires à ceux de Verilog et VHDL. Ils décrivent une fonctionnalité, un comportement. Un processus ne doit pas être appelé directement. C'est le moteur de simulation SystemC qui se charge de le déclencher sur certains événements particuliers : ceux qui sont dans sa liste des sensibilités.

❖ **Ports**

Un module possède un ou plusieurs *ports*. Les ports sont juste des points d'entrée ou de sortie, qui ne font rien de particulier. Par contre, les ports doivent déclarer les fonctions qui seront utilisées pour communiquer à travers eux. Exemples :

- un port en entrée destiné à être relié à un signal normal déclare qu'il utilise la fonction Read des signaux.

- un port similaire mais bidirectionnel déclare qu'il utilisera les fonctions Read et Write

La déclaration des fonctions qu'il va utiliser est appelée interface.

❖ **Interfaces**

Une interface est une déclaration des fonctions qui pourront être utilisées à travers les ports d'un module. Une interface ne contient pas de code, c'est seulement une déclaration de fonctions.

1.5 Environnements et outils de conception des systèmes embarqués

Cette section présente les outils aidant les concepteurs lors de développement d'un système.

1.5.1. Environnements basés sur une approche modèles

1.5.1.1 Conception dirigée par les modèles

Depuis longtemps, les modèles ont été utilisés dans les phases d'analyse et de conception pour servir de référence pour les phases d'implémentation. Ils ne constituaient que des documents qui décrivent notre perception du système. L'ingénierie dirigée par les modèles (IDM) fait sortir ces modèles d'une phase de passivité à une phase de productivité en faisant d'eux l'élément de base du processus de développement.

L'intérêt pour l'IDM a été fortement amplifié à la fin du 20ème siècle lorsque l'OMG (Object Modeling Group) [71] a rendu publique son initiative MDA (Model Driven Architecture) en 2000.

1.5.1.2. Gaspard2

Gaspard (Graphical Array Specification for Parallel and Distributed Computing) [35] est un environnement basé sur le schéma en Y de Gajski. Il est orienté pour les applications de traitement de signal intensif. Ce type d'application est parmi ceux qui nécessitent le plus de puissance de calcul et se prête généralement bien à la parallélisation des traitements.

Le traitement de signal est aussi parmi les types d'applications les plus utilisés dans les systèmes embarqués. Gaspard vise la génération de différents codes à partir d'un même placement d'une application sur une architecture à savoir :

– La génération du code VHDL correspondant à un accélérateur matériel capable d'exécuter l'application initialement modélisée à haut niveau.

– La génération de langages synchrones déclaratifs (tels que Lustre ou Signal) permettant de vérifier formellement la modélisation d'une application.

– La génération de langages procéduraux tels que Fortran/OpenMP rend possible l'exécution concurrente de différents processus sur une architecture multiprocesseur (architectures à mémoire partagée dans l'état actuel de Gaspard).

– Enfin, la génération de code SystemC permet la simulation du comportement d'un SoC à différents niveaux d'abstraction.

En effet, Gaspard regroupe des experts de différents domaines ayant comme point commun l'usage de l'IDM (Integrated Development Environment) comme méthodologie de conception en allant de la modélisation en UML jusqu'à la génération de code.

Gaspard doit permettre au concepteur de modéliser indépendamment les différents aspects du système : application, architecture et association. A partir de ces informations et en se basant sur les recommandations de l'IDM, plusieurs transformations de modèles doivent être développées afin de générer le code du MPSoC complet, à la fois matériel et logiciel. Par suite, ce code permettra des simulations à des niveaux de plus en plus précis. La figure 1.8 illustre cette organisation du développement, et fait le rapprochement avec le flot de conception en Y.

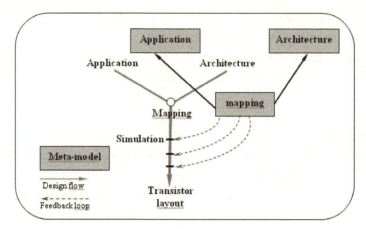

Figure 1.8 - *Flot de conception Gaspard [35]*

1.5.1.3. ROSES

L'environnement de conception ROSES [80] du groupe SLS permet la génération automatique d'interfaces logiciel/matériel des systèmes monopuce. L'interface logiciel/matériel générée est un adaptateur de communication entre les tâches exécutées par le processeur et les ressources matérielles. Les interfaces matérielles prise en compte par ROSES concernant les processeurs [43], mais aussi la mémoire [44] et les composants matériels spécifiques [45]. Les interfaces logicielles sont le système d'exploitation [46] et les couches de communication [47]. L'intérêt de ROSES est la génération automatique des interfaces à partir d'une spécification du système et de quelques caractéristiques pour guider la conception (protocoles, adressage, et autres paramètres). De plus ce flot permet une validation à plusieurs niveaux d'abstraction à l'aide de mécanismes de co-simulation [48]. Le principe le plus important dans ce flot est la conception d'un système complet par assemblage d'éléments [49].

La figure 1.9 résume le flot qui permet la génération d'interfaces à partir d'un système décrit au niveau architectural vers une description au niveau RTL. L'entrée du flot est décrite en langage de spécification développé par le groupe SLS. Ce langage est une extension de SystemC nommé VADeL (Virtual Architecture Description Language).

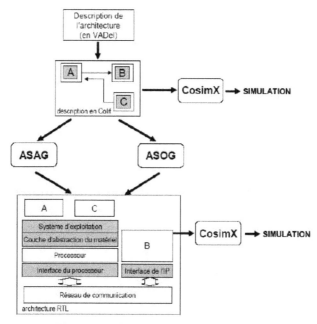

Figure 1.9 - *Flot de conception ROSES [80]*

1.5.1.4. Profil UML 2.0 pour SystemC

Le profil UML 2.0 pour SystemC [39] a été réalisé par différents chercheurs pour générer du code exécutable SystemC à partir d'une description de haut niveau. Ce profil contient trois transformations de modèles indépendantes, chacune ramène à un type de génération de code. La première transformation permet une génération squelette (skeleton) contenant seulement la structure statique du système. Ce type de génération est fréquemment adopté par les outils de transformation. La deuxième transformation offre une génération partielle intégrant une spécification plus complète du système. Le comportement peut être modélisé en utilisant une machine à états finis, un diagramme d'activités, etc. La dernière transformation aboutit à une génération totale du code SystemC. En comparant cet environnement avec Gaspard, ce dernier ne permet pas la génération du code d'un composant matériel ou logiciel mais plutôt favorise la réutilisation de ces composants à partir des bibliothèques.

1.5.2. Autres environnements de conception

Plusieurs autres environnements permettant la conception des systèmes embarqués existent dans la littérature. On peut citer par exemple ConvergenSC de CoWare [56] et l'outil Incisive de Cadence [57], MaxSim de la société ARM [58], System Studio de Synopsys [59], CoreTools de Synopsys [60], Platform Express [61], Seamless [62] de la société Mentor Graphics, Cossap [63] et Spw [64,65], Milan [70], Ptolemy [66], Artemis [67], Metropolis [68] et GRACE++ [69].

1.6 Conclusion

Dans ce chapitre, nous avons présenté une analyse détaillée des aspects qui seront étudiés dans ce rapport à savoir : le co-design et la co-simulation des MPSoC ou nous détaillons le flot de conception sur lequel se base notre travail ainsi que les niveaux d'abstraction, les langages ainsi que les environnements de conception. Cette analyse nous a permis d'étudier les différentes méthodes et approches que nous allons adopter pour réaliser notre objectif. Dans le chapitre suivant, l'aspect de consommation d'énergie sera détaillé tout en abordant notre méthode suivie pour faire l'estimation ainsi que présenter les modèles de consommation des composants de la SoCLib pour faire la simulation et valider notre solution.

CHAPITRE 2

Estimation de la consommation d'énergie dans les MPSoC

2.1 Introduction

L'exploration d'architectures dans le flot de conception des systèmes sur puce nécessite des outils capables d'évaluer la consommation d'énergie à différents niveaux d'abstraction. Ceci permet de prendre des décisions à chaque niveau pour réduire l'espace des solutions architecturales relatives à cette problématique.

Dans ce chapitre, l'objectif que nous nous sommes fixé est de concevoir un modèle permettant une estimation de la consommation statique et dynamique de l'énergie au niveau CABA[2].

Comme chaque composant du système MPSoC contribue dans la consommation d'énergie, il devient important dans un souci de précision d'estimer la contribution de chaque unité. Notre objectif est de développer une méthodologie permettant la conception de modèles de consommation pour ces composants.

Au niveau CABA, les modèles de composants offrent l'avantage de garder la précision au bit et au cycle près tout en permettant une simulation plus rapide et moins consommatrice en énergie. Ce niveau nécessite néanmoins une description détaillée de la micro- architecture du système afin de simuler un comportement correct à chaque cycle. La simulation d'un système MPSoC au niveau CABA nécessite par conséquent un effort considérable pour le développement des composants matériels et pour interconnecter ces composants.

---

[2] CABA : Cycle Accurate Byte Accurate

Toutefois, une simulation préliminaire en CABA de certains composants s'avère nécessaire si l'on désire intégrer dans les niveaux de simulation à des niveaux d'abstraction plus élevés, des informations pertinentes sur les performances et la consommation d'énergie.

Du fait de l'augmentation de la densité d'intégration des circuits dans les SoC, il est indispensable de prendre en compte la consommation comme critère de conception d'un système au même titre que la rapidité d'exécution.

Ce chapitre est structuré comme suit. Des généralités sur l'estimation de la consommation et les anciens travaux de recherche ont été abordés dans la deuxième section. La troisième section traite l'estimation de la consommation d'énergie au niveau CABA. La méthodologie de développement des modèles de consommation est présentée dans la section 4. La section 5 de ce chapitre présente les protocoles de communications VCI[3] et OCP[4] utilisés dans notre travail. La section 6 détaille les modèles de composants matériels tels que le processeur, les mémoires et le réseau d'interconnexion.

2.2 Généralités sur la consommation d'énergie dans les SoC

2.2.1. Types de consommation d'énergie

La réduction de la consommation d'énergie est devenue un objectif de premier plan dans la conception des SoC. En effet, du fait des taux d'intégration et des fréquences d'horloges de plus en plus élevés, il devient nécessaire de concevoir des techniques pour réduire la consommation d'énergie.

Deux types de consommation d'énergie existent :

- Consommation statique
- Consommation dynamique

2.2.1.1 Consommation statique

Cette consommation correspond à l'état de repos du circuit qui devient considérable avec les nouvelles technologies submicroniques où les courants de fuite deviennent de plus en plus importants.

La consommation statique dans un circuit est due principalement à trois types de courants de fuites dans le transistor [37,38] : Iseuil (courant circule entre le drain et la source du transistor), Igrille (épaisseur de l'oxyde de la grille), Idiode (courant d'injection dans le substrat correspond aux fuites dans les diodes des jonctions PN).

---

[3] VCI : Virtual Component Interface
[4] OCP : Open Core Protocol

A température constante, la puissance statique d'un transistor dépend donc principalement de ces trois courants Iseuil, Idiode et Igrille et de la tension d'alimentation Vdd selon l'expression suivante [37] :

$$P_{statique} = I_{fuites} \times V_{dd} = (I_{seuil} + I_{diode} + I_{grille}) \times V_{dd}$$

2.2.1.2. Consommation dynamique

La consommation dynamique se produit à chaque transition d'un noeud logique dans un circuit CMOS. Elle est due principalement à deux types de courants : le courant de court-circuit et celui de charge [36]. La puissance dynamique est exprimée avec l'équation suivante

$$P_{dynamique} = P_{court-circuit} + P_{charge}$$

2.2.2. Etat de l'art sur les outils d'estimation de la consommation

L'estimation de la consommation dans les systèmes sur puce nécessite des outils d'analyse capables d'évaluer les différentes sources statiques et dynamiques lors de l'exécution de l'application. Dans la littérature, plusieurs outils permettant l'estimation de la consommation à différents niveaux d'abstraction existent. Ces outils offrent différents compromis entre la précision de l'estimation et sa rapidité.

Au niveau transistor, nous pouvons citer comme outils d'estimation de la consommation PowerMill de Synopsys [9], SPICE [16] ou Lsim Power Analyst de Mentor Graphics [52]. Même si les estimations obtenues à ce niveau sont très proches des valeurs du circuit réel, le temps de simulation est très important. Cet inconvénient constitue un obstacle majeur pour ces outils. Dans le cas des MPSoC intégrant des centaines de millions de transistors, l'utilisation de cette approche pour évaluer la consommation totale de plusieurs centaines d'alternatives devient irréalisable.

Le niveau portes logiques est caractérisé par l'utilisation d'une bibliothèque de portes logiques pour réaliser l'estimation de la consommation de puissance. Cette bibliothèque donne pour chaque porte ses caractéristiques en terme de consommation de puissance. Comme outils existants à ce niveau, nous citons PowerGate de Synopsys [17] et Diesel de Philips [18].

Pour le niveau RTL, l'estimation se base sur la description de l'implémentation sous forme de registres et de bascules. Plusieurs outils industrielles, tel que Petrol [19] de Philips, permettent l'évaluation de la consommation au niveau RTL.

La simulation d'un système MPSoC complet aux trois niveaux d'abstraction précédents n'est pas assez efficace de point de vue rapidité. Ce problème apparaît avec l'utilisation importante de processeurs. Nous sommes contraints à faire des estimations en composant le système sur plusieurs modules. L'utilisation d'outils de modélisation au niveau transistor, portes logiques ou RTL n'est pas appropriée pour la réalisation de l'exploration des architectures MPSoC.

Par contre, au niveau architectural, plusieurs approches, offrant différents compromis entre la précision et la rapidité, existent et permettent l'exploration des architectures MPSoC.

Comme première approche, nous citons l'approche par trace qui est proposée par l'outil AVALANCHE [20, 22]. Cette approche consiste à estimer la consommation en se basant sur une analyse de la trace d'exécution de l'application. Cette dernière est exécutée en utilisant un simulateur de processeur décrit au niveau du jeu d'instructions (Instruction Set Simulator ou ISS). Les instructions exécutées servent à estimer la consommation du processeur. Cette approche ne permet pas d'analyser l'évolution de la consommation dans le temps à cause de quelques inconvénients. Les valeurs de consommation ne sont obtenues qu'à la fin de la simulation et pour des paramètres fixés au début de la simulation.

La deuxième approche est l'analyse de la consommation au cycle près. Plusieurs travaux de recherche proposent l'évaluation du système au niveau architectural en se basant sur une simulation cycle précis pour remédier à l'imprécision de l'approche par trace. Cette approche consiste à modéliser le comportement des composants avec un langage de description comme C ou SystemC, et à assurer la synchronisation entre les différents composants du système. La description doit être suffisamment précise pour pouvoir simuler le comportement au cycle près des composants avec des données réelles. L'estimation des performances à ce niveau sera donnée par le simulateur d'architecture en nombre de cycles. Dans la littérature, parmi les outils décrits avec cette approche, nous citons Wattch [26], SimplePower [28]. Le but de ces outils est de servir à optimiser la micro-architecture du processeur pour une application donnée. Cette optimisation concerne aussi la hiérarchie mémoire afin de trouver la meilleure configuration en performance et en consommation. Cette approche permet d'obtenir une précision acceptable et un temps de simulation raisonnable. Néanmoins, elle ne traite que des systèmes monoprocesseur. La plateforme MPARM [34], développée à l'Université de Vérone, présente un environnement de simulation des systèmes MPSoC au niveau CABA (le niveau architectural le plus précis).

Aux niveaux CABA et TLM (PV), l'environnement Gaspard2 a été adopté pour évaluer la consommation d'énergie par l'utilisation d'une méthode hybride.

L'inconvénient de cette approche est que les occurrences des activités pertinentes sont extraites à partir des compteurs insérés dans le code des IPs. Ceci nécessite d'entrer dans le code de chaque composant et d'insérer les compteurs d'activités à différents endroits.

C'est dans ce contexte où se situe notre approche qui propose des modules d'estimation de la consommation des composants matériels d'un MPSoC au niveau CABA. Pour estimer la consommation, un modèle de consommation correspondant à chaque composant est intégré dans le simulateur d'architecture. Au cours de la simulation, la consommation est calculée à chaque cycle en se basant sur les occurrences des activités pertinentes des composants.

La troisième approche est l'analyse de la consommation par co-simulation. En fait, l'outil Ptolemy [66] présente cette approche en se basant sur une co-estimation matérielle/logicielle à plusieurs niveaux d'abstraction. Cet outil permet la simulation des systèmes MPSoC dont les composants sont décrits à différents niveaux d'abstraction. Pour simuler la partie logicielle du système, un simulateur au niveau du jeu d'instructions (ISS) est utilisé. La partie matérielle est décrite et simulée au niveau RTL ou portes logiques. Le principal avantage de cette approche est l'augmentation de la précision de l'estimation. L'inconvénient majeur de cette approche est la lenteur de l'estimation provenant de la simulation de quelques composants au niveau RTL ou portes.

Au niveau le plus haut, fonctionnelle ou algorithmique, Tiwari et al. [30] ont proposé la première méthode d'estimation de la consommation d'un programme logiciel et qui est souvent considérée comme référence dans l'estimation de la consommation de tous les processeurs. Cette approche est très précise mais nécessite un temps de développement considérable. L'outil JouleTrack [31] développé par Sinha et al. de l'Institut de Technologie du Massachusetts (USA) est un exemple d'environnement basé sur l'approche de Tiwari. Plusieurs extensions ont été apportées aux travaux de Tiwari en vue de diminuer le temps de développement et de l'étendre pour des processeurs plus complexes. Nous citons principalement les travaux du laboratoire LESTER et leur outil SoftExplorer [32] qui a été conçu sur la base des travaux de Tiwari. La méthode d'estimation dans SoftExplorer est basée sur une analyse fonctionnelle de la consommation dans le processeur (Functional Level Power Analysis : FLPA) [41, 40].

2.3 Estimation de la consommation d'énergie au niveau CABA

Au niveau « microarchitecture », l'évaluation des systèmes MPSoC nécessite des modèles permettant une estimation précise de la consommation. Ainsi, la microarchitecture fait appel aux paramètres les plus adéquats d'un composant. L'estimation à ce niveau doit permettre, par ailleurs, d'analyser un système tout entier dans un temps raisonnable.

La consommation d'énergie d'une application exécutée sur une plateforme est égale à la somme des consommations dans les différents composants.

Chaque composant est défini par une FSM[5] au niveau CABA. Dans ces FSM, chaque cycle donne naissance à une transition qui en résulte une consommation due à l'exécution des opérations (Read, Write, Wait, etc) associées au nouvel état.

Une estimation suffisamment précise de la consommation revient par conséquent à identifier l'énergie dissipée par transition dans chaque FSM.

Afin d'estimer la consommation d'énergie au niveau CABA, deux étapes essentielles doivent être suivies. La première étape est basée sur la description du composant. Pour chaque FSM décrivant un composant, chaque transition exécute un ensemble d'opérations qui doivent être identifiées et comptabilisées d'une manière précise afin de donner un ensemble d'activités. Ces activités peuvent s'additionner pour définir la consommation totale d'un état de la FSM.

La deuxième étape essentielle pour garantir la précision de l'estimation d'énergie est liée à l'évaluation du coût énergétique de chaque activité.

Une estimation suffisamment précise de la consommation revient à déterminer les activités effectuées à chaque transition et le coût énergétique de chaque activité. Ainsi pour déterminer la consommation totale d'un composant, il suffit de faire la somme des consommations des différentes activités. La consommation totale d'un composant suit donc l'équation suivante :

$$E = \sum_i N_i \times C_i$$

N_i : Nombre de fois où l'activité i est réalisée

C_i : Coût d'une unité de l'activité i

---

[5] FSM : Finite State Machines. C'est un modèle de calcul défini par un ensemble d'états, un ensemble d'événements d'entrée, un ensemble d'événements de sortie et une fonction de transition entre les états.

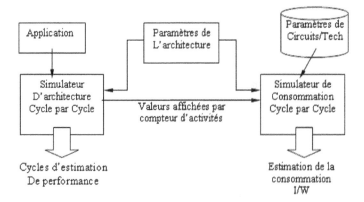

Figure 2.1 - *Estimation de la consommation au niveau CABA*

La figure 2.1 détaille la stratégie d'estimation de l'équipe de LIFL. Le principe de cette stratégie est d'affecter pour chaque activité un compteur. En fait, avant de simuler l'application, les paramètres de l'architecture (nombre de processeurs, taille du cache, paramètres VCI, etc) doivent être spécifiés. Au cours de l'exécution de l'application, les valeurs des compteurs sont transmises au simulateur de la consommation. Ces valeurs permettent de calculer la dissipation d'énergie par cycle ou la dissipation totale à la fin de la simulation. Le simulateur de consommation contient un modèle d'énergie pour chaque composant qui dépend des paramètres de l'architecture et des paramètres technologiques.

2.4 Méthodologie d'estimation de la consommation

Suivant la méthode hybride adoptée par l'équipe de LIFL, l'évaluation de la consommation est réalisée en deux étapes :

1. Localiser les activités pertinentes en terme de consommation d'énergie et associer à chaque activité un compteur afin de connaître le nombre d'occurrences correspondant lors de l'exécution de l'application.

2. Evaluer le coût énergétique élémentaire de chaque activité pertinente.

L'évaluation des coûts énergétiques des différentes activités dépend de l'architecture du composant et des paramètres technologiques.

En fait, le fonctionnement de chaque composant est décrit par un FSM permettant d'échanger des données avec les autres FSM des autres composants. A partir de ces FSM, nous avons pu concevoir et développer des modules d'estimation de la consommation. Ces modules utilisent les coûts énergétiques déjà obtenus par la méthode hybride pour pouvoir estimer l'énergie de chaque composant.

Le principe d'estimation de la consommation au niveau CABA consiste à associer à chaque activité un coût énergétique qui représente la consommation du composant à un cycle donné. La consommation totale est obtenue par accumulation des consommations de chaque cycle durant la simulation.

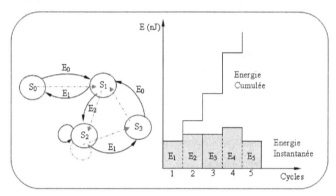

Figure 2.2 - *Automate d'états et estimation de la consommation d'un composant A*

Cette méthodologie d'estimation de la consommation au niveau CABA pour un composant donné est illustrée par la figure 2.2.

Le FSM présenté dans la figure 2.2 décrit 4 états (S_0, S_1, S_2 et S_3) pour un composant A. A chaque transition, nous associons un coût énergétique (E_0, E_1, E_2, E_3) qui représente la consommation du composant à un cycle donné. L'énergie totale résultante de chaque cycle lors de la simulation d'une application donnée est la somme des consommations des différents composants du système MPSoC.

L'estimation de la consommation au cours de la simulation permet de déterminer quel est le composant qui consomme le plus d'énergie et permet ainsi au concepteur de réduire l'énergie consommée en agissant sur les paramètres architecturaux et technologiques tels que la taille du cache (nombre de mots et nombre de lignes) et le nombre de processeurs ou en adoptant une autre alternative architecturale.

Dans le cadre de notre travail, nous avons utilisé les coûts énergétiques élémentaires obtenus par les expériences réalisées par l'équipe de LIFL. A l'issu de ces expériences, des modèles de consommation ont été développés pour les composants matériels (processeur, cache, mémoire et interconnexion).

Nous nous sommes inspirés de ces modèles de consommation pour concevoir nos propres modules.

2.5 Protocoles de communications

La communication entre les composants est devenue un véritable goulot d'étranglement. Les performances, la consommation et les coûts de développement de ces systèmes sont fortement dépendants des choix de protocoles de communication et de leur implémentation.

Un protocole de communication peut être défini comme le "langage" d'un système, il inclut :

- le format d'échange des données (le nombre d'entrées/sorties, la profondeur de bits de ses entrées/sorties, sa fréquence d'horloge),
- les méthodes d'accès aux ressources (arbitrage, organisation des requêtes de lecture ou d'écriture, etc.).

Il n'existe pas jusqu'au aujourd'hui un protocole de communication universel, chaque développeur - concepteur a, en général, défini son propre "langage". Cette solution est acceptable tant que les systèmes sont entièrement conçus par la même société ; en effet, chaque bloc fonctionnel est conçu pour respecter le même protocole.

L'utilisation d'un protocole de communication est essentielle pour diminuer le temps de conception des systèmes qui peuvent intégrer des ressources provenant de différentes sociétés. Le réseau et son protocole peuvent alors être considérés comme un bloc IP spécifique assurant la fonction de communication entre les différents blocs IP fonctionnels.

Pour assurer la productivité dans le domaine des systèmes embarqués, il est nécessaire de pouvoir réutiliser les IPs. En fait, il faut avoir des interfaces standards pour que les IPs quelques soient leurs origines puissent être connectées à un SoC de n'importe quel intégrateur de puce. Dans la littérature, plusieurs standards de protocoles existent:

- le standard AMBA proposé par la société ARM [72]

- le standard CoreConnect proposé par la société IBM [73]

- le standard VCI proposé dans le cadre du consortium VSIA (Virtual Socket Interface Alliance) [74]

- le standard OCP proposé par l'organisation OCP-IP (Open Core Protocol International Partnership) [75]

- STBus proposé par la société STMicroelectronics [76]

- Avalon conçu et développé par la société Altera [77]

- Bus SiliconBackplane développé par la société Sonics [78]
- D'autres interconnexions de types bus partagés existent, mais leurs performances sont assez limitées et leurs applications sont très spécifiques.

Dans la bibliothèque SoCLib, Certains composants sont principalement connectés par des signaux selon le protocole VCI. Néanmoins, si nous visons une architecture où tous les composants sont conformes au même protocole de communication pour y connecter facilement les modules d'estimation, VCI montre ses limites et OCP se présente comme le protocole permettant d'unifier tout type de communication sur puce. Pour répondre aux exigences d'interface, de performance et de fonctionnalité des composants IP, OCP offre une interface entièrement configurable. Il existe des signaux de tests et de vérification, des signaux de contrôle et des signaux de données.

En effet, notre premier objectif est d'adapter les composants de SoCLib pour qu'ils puissent supporter ce protocole de communication.

Dans cette section, nous allons commencer par la description des deux protocoles VCI et OCP, puis nous allons présenter le principe d'adaptation des composants de SoCLib.

2.5.1. Le protocole VCI (Virtual Component Interface)

Le protocole VCI est développé et mis en place par l'alliance VSIA [79]. VSIA a été formée en 1996 par un groupement des principales compagnies de semi-conducteurs et de CAO (Conception Assistée par Ordinateur) ainsi que d'universitaires (ARM, Cadence Design Systems, Hewlett-Packard, IBM, Philips Semiconductors, Samsung, Sonics, ST Microelectronics, Toshiba, etc.) dans le but d'établir un standard industriel.

Les objectifs de l'alliance VSIA sont plus ambitieux que la définition d'un simple protocole standard. Il s'agit de proposer une standardisation de l'ensemble des tâches nécessaires à la conception d'un SoC (exploration de l'architecture, modélisation, vérification, tests), de fournir des outils spécifiques (évaluation des performances) et de mettre au point une bibliothèque de passerelles VCI.

Le protocole VCI est un protocole de communication point à point unidirectionnel qui supporte les architectures multiprocesseur ou multi-initiatrices et permet de faire communiquer plusieurs dizaines d'initiateurs.

Une interface VCI est paramétrable en donnant les longueurs de ses champs adresse, données et erreur. Il y a trois niveaux de complexité pour VCI : Peripheral VCI (PVCI), Basic VCI (BVCI) et Advanced VCI (AVCI).

Le PVCI, comme son nom l'indique, permet de connecter les périphériques d'entrée/sortie au réseau d'interconnexion.

Le BVCI est un super ensemble de PVCI et a des capacités de Split lui permettant de séparer le traitement des requêtes et des réponses. Dans ce cas, l'initiateur peut émettre plusieurs requêtes avant de recevoir les premières réponses. BVCI ajoute des signaux par rapport à PVCI permettant de combiner les paquets en chaînes et avoir de cette façon des chaînes de transactions plus longues. BVCI contient aussi des signaux qui donnent des informations sur les adresses dans un paquet qui peuvent être contiguës, constantes ou repliées.

AVCI est un super ensemble de BVCI. Le principal apport qu'il a par rapport à ce dernier est qu'il supporte les transactions non ordonnées. Dans ce cas, l'initiateur peut recevoir les réponses à ses requêtes dans un ordre différent de celui de leur émission. De plus, AVCI supporte le multithreading.

AVCI est le protocole de communication utilisé par la bibliothèque SoCLib. Et vu que notre application se base sur les composants de la SoCLib, nous détaillons dans ce qui suit ce protocole.

Une interface conforme à la norme VCI a trois paramètres :

- nombre d'octets dans une cellule mémoire : $b \in \{1,2,4\}$

- longueur du champ erreur en bits : $e \in \{1,2,3\}$

- longueur du champ adresse en bits : $n \in \{0..64\}$

Avec b=4, e=1 et n=32 dans la bibliothèque SoCLib.

Les différents signaux de la norme AVCI utilisés par SoCLib sont résumés dans le tableau 2.1.

Nom (taille en bits)	Origine	Description
RSPACK (1)	Initiateur	Réponse acceptée par l'initiateur
CMDVAL (1)	Initiateur	Requête valide (prête à être émise à la cible)
ADDRESS (n)	Initiateur	Adresse des données dans la requête
BE (b)	Initiateur	Byte Enable : octets concernés par la requête dans le champ de données
CMD (2)	Initiateur	Type d'opération : lecture ou écriture
CONTIG (1)	Initiateur	Adresses contigües
WDATA (8b)	Initiateur	Donnée à écrire
EOP (1)	Initiateur	Marqueur de fin de paquet de la requête
CONS (1)	Initiateur	Adresses constantes
PLEN (8)	Initiateur	Longueur du paquet en octets
WRAP (1)	Initiateur	Adresses repliées
CFIXED (1)	Initiateur	Définition d'une chaîne
CLEN (8)	Initiateur	Nombre de paquets chaînés
SCRID (8)	Initiateur	Numéro d'initiateur
TRDID (8)	Initiateur	Numéro de thread
PKTID (8)	Initiateur	Numéro de paquet
CMDACK (1)	Cible	Requête acceptée par la cible (celle-ci est prête à fournir la réponse)
RSPVAL (1)	Cible	Réponse valide (la réponse peut être émise à l'initiateur)
RDATA (8b)	Cible	Données lues (réponse à une requête de lecture)
REOP (1)	Cible	Marqueur de fin du paquet de réponse
RERROR (e)	Cible	Signalisation des erreurs dans la réponse
RSCRID (8)	Cible	Numéro d'initiateur qui a émis la requête correspondante à la réponse
RTRDID (8)	Cible	Numéro de thread de la requête correspondante à la réponse
RPKTID (8)	Cible	Numéro de paquet de la requête correspondante à la réponse

Tableau 2.1 - *Les signaux de la norme AVCI [74]*

La norme AVCI est basée sur la séparation entre les commandes et les réponses. Les requêtes peuvent être envoyées avant de recevoir les premières réponses. De plus, les réponses peuvent arriver dans un ordre différent de celui de l'émission des requêtes correspondantes. Pour assurer cette dernière fonctionnalité, AVCI ajoute des signaux par rapport à BVCI qui sont SCRID, TRDID et PKTID qui indiquent respectivement, pour une requête, le numéro de l'initiateur, le numéro du thread et le numéro du paquet. Les signaux RSCRID, RTRDID et RPKTD sont des signaux émis par la cible. Ils sont des copies de SCRID, TRDID et PKTID. Leur rôle est de faciliter l'envoi de chaque réponse à l'initiateur correspondant.

Le fonctionnement du protocole AVCI est illustré par la figure 2.3.

Lorsque l'initiateur veut émettre une requête, il active le signal CMDVAL pour informer la cible. La phase de requête se termine quand la cible active son signal CMDACK. Ici la première requête de lecture est mise dans un paquet de 28 octets ce qui signifie que la réponse correspondante sera sous la forme de sept mots (la longueur d'un mot est quatre octets). Ici, le signal CONTIG activé signifie que la lecture s'effectuera sur des données d'adresses contiguës. Le signal EOP indique la fin du paquet de la requête. Une fois la phase de requête est terminée, l'initiateur peut émettre d'autres requêtes avant de recevoir la réponse de la première requête. Quand la cible est prête à émettre la réponse, elle active le signal RSPVAL, elle doit maintenir les champs correspondants à une réponse jusqu'à l'obtention de l'acquittement de l'initiateur par le signal RSPACK. En activant le signal REOP, la cible indique qu'il s'agit du dernier mot du paquet de la réponse.

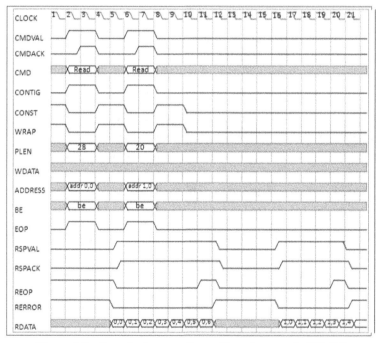

Figure 2.3 - *Exemple de transactions utilisant le protocole VCI [74]*

2.5.2. Le protocole OCP

Le protocole OCP [75] (Open Core Protocole) est développé et mis en place par le consortium OCP-IP (Open Core Protocol International Partnership), association de plusieurs industriels issus principalement du domaine de la microélectronique et des microsystèmes (STMicroelectronics, ATI Technologies, Cadence Design Systems, Infineon Technologies, Sonics et OSCI (Open SystemC Initiative).

Les principales spécifications de ce protocole sont les suivantes :

- Le protocole ne définit qu'un nombre réduit de signaux impératifs. Par contre, il est possible de rajouter des signaux optionnels pour configurer mieux le système.
- La communication est synchrone et unidirectionnelle comme le cas pour VCI.
- La largeur des bus d'adresses et de données est configurable.
- Le protocole intègre des méthodes de test permettant de contrôler les communications (gestion des interruptions, des registres, de la puissance consommée, etc.).
- Les transferts de données peuvent être "pipelines"
- Le transfert en mode rafale est possible
- Le protocole est compatible avec VCI. La différence entre les deux est que OCP, en outre des signaux couvrants les aspects flots de données, a des signaux qui unifient les communications inter-noyaux. D'ailleurs c'est le seul standard qui le fait. Ces signaux sont des signaux de contrôle hors bande (sideband signals) et des signaux de test.

Le protocole de communication OCP permet de configurer une interface pour correspondre aux exigences de communication d'un noyau. Bien que le nombre important d'options de configuration permette à OCP d'être utilisé dans plusieurs applications différentes, il entraîne une difficulté dans le choix parmi multiples implémentations possibles. La spécification d'OCP présente des profils qui captent les caractéristiques d'OCP associées aux fonctions de communication standard. Ces profils servent de guide pour l'implémentation des interfaces OCP. Le concepteur peut ainsi choisir le profil convenable à son application et architecture et entrer les extensions que ces dernières requièrent. Les profils les plus importants sont les suivants :

- Le profil Simple Slave qui est utilisable pour les périphériques
- Le High Speed Profile qui est utilisable pour les applications à haute performance. Ce profile convient par exemple pour les processeurs.
- Le profil Security qui permet des transactions sécurisées pour se protéger contre les attaques.

Le profil « High Speed Profile » peut répondre à notre besoin en terme de performance et de consommation d'énergie. Ce profil se base sur quatre paramètres: DATA_WDTH (nombre de bits dans une cellule mémoire), ADDR_WDTH (longueur du champ adresse en bits), MREQINFO_WDTH (longueur en bits du champ des informations supplémentaires qui peuvent accompagner une requête) et SRESPINFO_WDTH (longueur en bits du champ des informations supplémentaires qui peuvent accompagner une réponse).

Le tableau 2.2 présente les différents signaux des interfaces OCP utilisés pour faire l'adaptation entre les interfaces VCI et OCP.

Nom (taille en bits)	Origine	Description
MRESPACCEPT (1)	Maître	Réponse acceptée par l'initiateur
MADDR (ADDR_WDTH)	Maître	Adresse des données dans la requête
MBYTEEN (DATA_WDTH/8)	Maître	Byte Enable : octets concernés par la requête dans le champ de données
MCMD (3)	Maître	Type d'opération : lecture ou écriture
MDATA (DATA_WDTH)	Maître	Donnée à écrire
MREQLAST (1)	Maître	Marqueur de fin de paquet de la requête
MBURSTSEQ (3)	Maître	Description de la séquence des adresses dans le paquet
MBURSTLENGTH (8)	Maître	Longueur du paquet en mots mémoire
MBURSTPRECISE (1)	Maître	Indication sur la précision de la longueur du Burst
MREQINFO (MREQINFO_WDTH)	Maître	Informations relatives aux requêtes
SCMDACCEPT (1)	Esclave	Requête acceptée par la cible (celle-ci est prête à fournir la réponse)
SRESP (2)	Esclave	Indique si la réponse valide, s'il s'agit d'une erreur dans la réponse, si l'esclave n'a pas pu effectuer la commande du maître
SDATA (DATA_WDTH)	Esclave	Données lues (réponse à une requête de lecture)
SRESPLAST (1)	Esclave	Marqueur de fin du paquet de réponse
SERROR (1)	Esclave	Signalisation des erreurs au maître
SRESPINFO (SRESPINFO_WDTH)	Esclave	Informations relatives aux réponses
SFLAG (1)	Esclave	Information qui peut être émise d'une façon asynchrone par rapport à la réponse

Tableau 2.2 - Les signaux du protocole OCP[75]

Le fonctionnement du protocole OCP est illustré dans la figure 2.4.

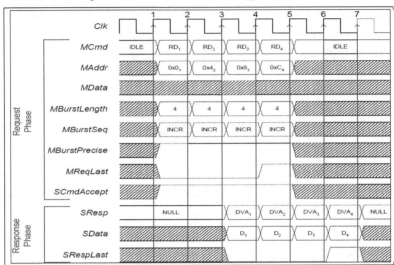

Figure 2.4 - Exemple de transactions en utilisant le protocole OCP [75]

Le maître écrit sa commande dans le champ MCMD et remplit les champs nécessaires à la requête (adresse, données, etc.) afin d'émettre une requête. L'esclave active le signal SCmdAccept pour signaler fin de requête. La requête de lecture est mise dans un paquet de 4 mots mémoires ce qui signifie que la réponse correspondante sera sous la forme de quatre mots. Le signal MBurstSeq contient la valeur INCR qui permet la lecture des données d'adresses contiguës. Le signal MReqLast indique la fin du paquet de la requête. Une fois la phase de requête est terminée, le maître peut émettre d'autres requêtes avant de recevoir la réponse de la première requête. Quand la réponse est valide, l'esclave écrit la valeur DVA dans le champ SResp. Le signal SRespLast indique qu'il s'agit du dernier mot du paquet de la réponse.

2.5.3. Adaptateurs d'interfaces

Pour réaliser l'adaptation de composants ayant des interfaces incompatibles, une possibilité est de modifier les interfaces des composants devant être connectés afin de les rendre compatibles. Mais cette solution n'est pas satisfaisante puisque :

- elle nécessite de modifier les composants et, pour cela, une bonne connaissance de leur fonctionnement et de leur implémentation est indispensable. Le concepteur perd l'intérêt d'un composant livré « clefs en main »,

- il est difficile de garantir que les modifications réalisées n'auront pas modifié la fonctionnalité du composant alors que le composant initial aura peut-être déjà été validé,
- elle augmente les durées de conception.

Ainsi, de nombreuses recherches actuelles se concentrent plutôt sur la mise au point de composants traducteurs de protocole (wrappers). Pour connecter deux composants ayant des interfaces différentes mais compatibles (au sens où le langage d'une interface peut être traduit dans le langage de l'autre interface), le concepteur n'a plus qu'à intercaler un wrapper entre les deux interfaces.

Cependant, la conception des composants adaptateurs ou « wrappers » est délicate car il faut prendre en compte plusieurs facteurs dont :

- l'adaptation des protocoles avec leurs éventuels paramètres,
- l'adaptation des interfaces de communication,
- les types des données transférées peuvent nécessiter des opérations de conversion,
- l'adaptation des horloges.

Le facteur le plus critique dans cette tâche est l'adaptation des protocoles de communication ; la plupart du temps, seuls des fragments des protocoles sont effectivement traduits.

En fait, il est indispensable d'utiliser un standard d'interface entre les composants. Dans la littérature, le protocole VCI est compatible avec plusieurs types d'interconnexions comme par exemple le bus AMBA (Advanced Microprocessor Bus Architecture) [81], PI-Bus (Peripheral Interconnect Bus) [82] et l'interconnexion (SPIN) [83].

Les adaptateurs entre les interfaces sont très importants du fait qu'ils permettent l'intégration des composants conformes à différents protocoles de communication sur la même puce. Plusieurs travaux présentent divers adaptateurs. Nous citons par exemple : l'adaptateur CABA-PVT [6], l'outil IP Creator de Prosilog [84], l'adaptateur AMBA AHB bus [85], l'adaptateur AMBA AHB (advanced high Speed Bus)/VCI [55] et l'adaptateur VCI/SPIN [54].

Dans la bibliothèque SoCLib, certains composants sont principalement connectés par des signaux selon le protocole VCI. Néanmoins, si nous visons une architecture où tous les composants sont conformes au même protocole de communication pour y connecter facilement les modules d'estimation, VCI montre ses limites et OCP se présente comme le protocole permettant d'unifier tout type de communication sur puce. Ainsi, pour faire l'adaptation entre les estimateurs avec interface OCP que nous allons développer et les composants de la SoCLib, nous avons pensé à la solution d'adaptateurs d'interfaces.

2.6. Modèles de consommation d'énergie des différents composants

2.6.1. Modèle de consommation du processeur MIPS R3000

La plupart des outils d'évaluation de la consommation d'énergie dans les processeurs existants travaillent au niveau de la fabrication physique du circuit. Cette évaluation nécessite un temps de développement et de simulation très important et des outils très coûteux. En effet, le processeur est responsable d'une part considérable de la consommation totale du système. En se basant sur la bibliothèque SoCLib, le modèle du processeur utilisé est le MIPS R3000. Le MIPS R3000 possède une architecture RISC avec les caractéristiques présentées dans le tableau 2.3.

Type	Scalaire
Ordonnancement des instructions	Dans l'ordre
Etages de pipeline	5
Gestion du pipeline	Solution matérielle
Prédiction du branchement	N'est pas implémentée
Latence d'exécution d'une instruction	1 cycle
Plage de Fréquence	100-200 MHz

Tableau 2.3 - *Caractéristiques du MIPS R3000 [1]*

Le MIPS R3000 possède une architecture pipeline à 5 étages à savoir Fetch Instruction "I", Decode Instruction "D", Execute Instruction "E", Memory Acess "M" et Write Back "W".
Le MIPS R3000 est connecté aux autres unités à travers 3 ports (figure 2.5) :

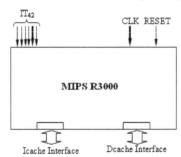

Figure 2.5 - *Interface du MIPS R3000*

1. Un port contenant des Lignes d'interruption, utilisées pour le traitement des événements asynchrones.

2. Un port avec le cache d'instructions qui est composé principalement des signaux d'adresses et de données et du signal Miss pour informer le processeur de l'occurrence d'un défaut de cache.

3. Un port avec le cache de données qui est composé principalement des signaux d'adresses et de données, du signal Miss pour informer le processeur d'un défaut de cache, du signal Type pour définir le type d'opération (lecture ou écriture) et enfin du signal UNC pour indiquer au cache que la donnée ne peut pas être chargée (non-cachable).

En plus de ces 3 ports, 2 signaux : "reset" pour la remise à zéro du processeur et le signal d'horloge sont prévus. L'interface du processeur MIPS R3000, reliée aux caches d'instructions et de données, est optimisée afin de pouvoir charger une donnée et une instruction par cycle. Lors d'un défaut de cache (cache miss), le processeur rentre dans le mode inactif (idle) jusqu'à ce qu'il reçoit l'instruction ou la donnée manquante. Pendant ce temps d'inactivité du processeur, la consommation d'énergie est réduite puisque aucune activité n'est réalisée.

Cette architecture du processeur MIPS R3000 est implémentée en utilisant un composant SystemC.

Estimation de la consommation au niveau CABA

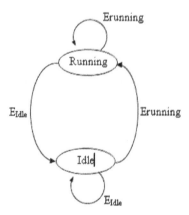

Figure 2.6 - *Estimation de la consommation du MIPS à partir de sa FSM*

Le fonctionnement du MIPS R3000 est contrôlé par un FSM qui a deux états : un état d'activité (Running) où le mips exécute une instruction et un état d'inactivité (Idle) où il attend les réponses des caches ou ne fait rien.

Au niveau CABA, la consommation d'énergie dans chaque mode de fonctionnement est calculée cycle par cycle. Ainsi, l'évaluation des coûts énergétiques correspondants se base sur le principe des simulateurs.

Les coûts énergétiques utilisés dans notre simulation sont les résultats obtenus par l'équipe de LIFL et qui donne la consommation en termes de puissance. Le tableau 2.4 montre les résultats obtenus pour un Mips.

Processeur	Vdd(V)	F(MHz)	$P_{running}$(mW)	$E_{running}$(nJ)	P_{idle}(mW)	E_{idle}(nJ)
MIPS R3000	1.1	100	45	0.45	30	0.3

Tableau 2.4 - *La consommation du MIPS R3000*

Pour déterminer les occurrences des deux modes de fonctionnement, nous devons associer un compteur à chacun. Ainsi l'énergie consommée par le MIPS suit l'équation suivante:

$E_{mips} = n_{running} . E_{running} + n_{idle} . E_{idle}$

$n_{running}$: Nombre de cycles pendant lesquels le processeur exécute des instructions

n_{idle} : Nombre de cycles pendant lesquels le processeur est inactif

2.6.2. Modèle de consommation pour la mémoire SRAM

Deux types de circuits mémoires existent dans la littérature: statique (SRAM) et dynamique (DRAM). Jusqu'à une date récente, seule les mémoires de type SRAM pouvaient être intégrées avec le reste du système sur la même puce. Néanmoins, aujourd'hui avec le progrès technologique, il est possible de combiner des circuits mémoires de DRAM dans un SoC [42].

Dans un système MPSoC, il existe deux types d'architecture mémoire :

1. Mémoire globale partagée accessible par tous les processeurs : dans ce cas les données sont entièrement stockées dans cette mémoire. Ce type d'architecture est utilisé dans les applications où les données sont fortement dépendantes [53].

2. Mémoire distribuée : dans ce cas les données sont découpées et réparties dans les mémoires de chaque processeur. La mémoire associée à un processeur peut être accessible aux autres processeurs (mémoire distribuée partagée). Le choix entre ces deux types d'architectures pour implémenter une application donnée n'est pas simple. En effet, il est contraint en premier lieu

par la nature de l'application et en deuxième lieu par le type des composants utilisés (processeur, réseau de connexion, la bande passante des bus).

Dans le cadre de notre travail, nous avons utilisé les mémoires SRAM partagées vu leur existence dans la bibliothèque SoCLib et les coûts énergétiques ont déjà été déterminés par expérience.

Estimation de la consommation au niveau CABA

En général, les mémoires de type SRAM peuvent avoir plusieurs modes de fonctionnement au cours de l'exécution d'une application à savoir : lecture, écriture, inactif et repos ((standby). Pour le composant SRAM de la SoCLib, nous avons identifié trois activités pertinentes qui consomment de l'énergie : READ, WRITE et IDLE qui correspondent à des opérations de lecture, écriture et inactif.

En fait, la consommation totale de cette mémoire suit l'équation suivante :

$$E_{SRAM} = n_{read} \cdot E_{read} + n_{write} \cdot E_{write} + n_{idle} \cdot E_{idle}$$

n_{read}, n_{write} et n_{idle} sont les occurrences des lectures, des écritures et des cycles d'inactivité qui sont déterminées en associant un compteur à chaque mode de fonctionnement. Nous avons déduit alors le FSM de l'estimateur de la SRAM représentée par la figure 2.7 en prenant en compte les coûts des différentes transitions.

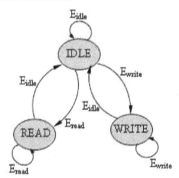

Figure 2.7 - Estimation de la consommation de la mémoire à partir de sa FSM

2.6.3. Modèle de consommation de la mémoire cache

Les mémoires caches sont utilisées pour mémoriser les données et les instructions récemment accédées. Ce type de mémoire se caractérise par sa rapidité d'accès, de l'ordre d'un cycle processeur et par une capacité limitée de quelques dizaines de kilo-octets (Ko) [53].

Le composant cache (xcache) de la SoCLib est un composant générique construit sur une base de mémoire de type SRAM. Ce type de RAM présente l'avantage d'un temps d'accès réduit. Xcache contient en réalité deux mémoires caches : un cache d'instructions et un cache de données.

2.6.3.1. Mémoire Cache de données

Une mémoire cache de données est formée d'un certain nombre de lignes et chaque ligne contient un nombre de mots qui varient de 8 à 512 octets. Une cache peut avoir différents types d'associativité parmi lesquelles, nous trouvons l'associativité directe à laquelle correspond notre composant Xcache.

Une cache de données peut recevoir une requête de lecture du processeur. Si la donnée à lire existe dans la cache, c'est-à-dire qu'une des étiquettes de son répertoire correspond à l'adresse de cette donnée, elle est émise au processeur. Il s'agit d'un succès de cache (cache hit), sinon la mémoire indique un défaut de cache (cache miss) au processeur. Le Xcache émet une requête à la mémoire pour récupérer toute la ligne correspondante à l'adresse de la donnée. Dans ce cas la requête est sous forme d'un paquet ayant des adresses contiguës. Quand le cache de données reçoit la réponse de la mémoire, il met à jour son contenu, il indique au processeur qu'il n'est plus en défaut de cache et lui émet la donnée demandée.

Le processeur peut aussi demander la lecture d'une donnée qui ne peut pas être mise en cache (uncached data). C'est le cas des données qui sont partagées par plusieurs processeurs et qui sont accédées en écriture. Dans ce cas, le cache émet la requête du processeur à la mémoire et quand il reçoit la réponse, il la transmet au mips. Pour ce type de requêtes, il n'y a ni lecture ni écriture du cache.

Dans le cas d'une requête d'écriture reçue du processeur, le cache vérifie si l'adresse de la requête correspond à l'une des étiquettes du cache. Dans ce cas, le Xcache émet un signal de défaut de cache juste pour un cycle pour avoir le temps de mettre à jour son contenu. Si la stratégie d'écriture du cache est l'écriture simultanée comme c'est le cas du composant Xcache, le cache émet une requête d'écriture à la mémoire.

Dans le cas où l'adresse de la requête d'écriture émise par le processeur ne correspond à aucune des étiquettes du cache, le Xcache émet une réponse de type FAIL au processeur indiquant qu'il n'a pas pu mettre à jour son contenu avec la donnée de la requête. Ce type de réponse est propre à OCP et il n'est utilisé que pour les écritures conditionnées. Ici la condition est l'existence de l'adresse dans le cache. Dans ce cas, le cache émet une requête d'écriture à la mémoire. Le processeur peut poursuivre son exécution sans interruption.

Le modèle de consommation du cache de données

La consommation du cache est la somme de la consommation des opérations sur ces deux espaces mémoires. Cette consommation suit le même modèle de la SRAM. Ainsi, la consommation totale du cache de données est obtenue suivant l'équation :

$$E_{Dcache} = n_{read\_data}.E_{read\_data} + n_{write\_data}.E_{write\_data} + n_{read\_dir}.E_{read\_dir} + n_{write\_dir}.E_{write\_dir}$$
$$+ n_{read\_uncached}.E_{read\_unchached} + n_{idle}.E_{idle}$$

n_{read_data} et n_{write_data} : nombre de lecture/écriture dans l'espace de données du cache

n_{read_dir} et n_{write_dir} : nombre de lecture/écriture dans le répertoire des étiquettes

$n_{read\_uncached}$: nombre de lecture non cachée

n_{idle} : nombre de cycles d'inactivité du cache

Ces paramètres sont déterminés en associant un compteur à chaque mode de fonctionnement.

Estimation de la consommation du cache de données

A partir de la description du cache de données, nous pouvons représenter la FSM de l'estimateur correspondant comme l'indique la figure 2.8.

2.6.3.2. Mémoire Cache d'instructions (Icache)

La consommation totale du cache d'instructions suit l'équation suivante :

$$E_{Icache} = n_{read\_data}.E_{read\_data} + n_{write\_data}.E_{write\_data} + n_{read\_dir}.E_{read\_dir} + n_{write\_dir}.E_{write\_dir} + n_{idle}.E_{idle}$$

n_{read_data} et n_{write_data} : nombre de lecture/écriture dans l'espace de données du cache

n_{read_dir} et n_{write_dir} : nombre de lecture/écriture dans le répertoire des étiquettes

n_{idle} : nombre de cycles d'inactivité du cache

Les nombres d'activités et de cycles d'inactivités sont déterminés par les compteurs associés pour les différentes activités.

Estimation de la consommation du cache d'instructions

La FSM du cache d'instructions est plus simple que celle du cache de données vu que ce cache ne peut recevoir que des requêtes de lecture. La figure 2.9 représente cette FSM.

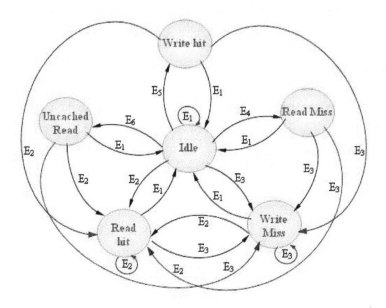

Figure 2.8 - FSM de l'estimateur du cache de données

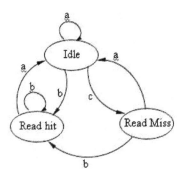

Figure 2.9 - FSM du cache d'instructions

2.6.4. Modèle de consommation du bus d'interconnexion

Le modèle de consommation d'un réseau d'interconnexion dépend principalement de sa topologie (bus, crossbar, etc.) et du mode de communication (synchrone ou asynchrone).

La consommation totale d'un bus suit l'équation suivante:

$E_{bus} = n_{request} \cdot E_{request} + n_{response} \cdot E_{response} + n_{idle} \cdot E_{idle}$

La consommation est relative à la transition d'un bit dans le bus de 0 à 1 ou de 1 à 0. Ainsi, estimer la consommation d'un transfert d'une requête revient à déterminer le nombre de bits qui ont changé de valeur pour tous les ports de l'interface concernée par le transfert. Par conséquent la consommation d'une requête suit l'équation suivante:

$$E_{request} = \sum_i \sum_j bit0->1/1->0$$

i : le nombre des ports de requête d'une interface

j : le nombre de bits du port i

Pour connaître le nombre de bits qui ont changé de valeur, il faut parcourir tous les bits des ports des interfaces ce qui entraîne un traitement supplémentaire qui risque de ralentir la simulation. Pour cette raison, l'équipe de LIFL ont suit l'approche de Wattch [26] permettant de calculer la moyenne des bits d'un port et négliger la consommation des ports à 1 bit.

En fait, une requête OCP utilise plusieurs signaux associés aux ports à plusieurs bits. Ces signaux sont MADDR, MBYTEEN, MDATA, MREQINFO, MBURSTLENGTH et MBURSTSEQ. Ainsi la consommation d'une requête OCP suit l'équation suivante:

$E_{request} = E_{MADDR} + E_{MBYTEEN} + E_{MDATA} + E_{MCMD} + E_{MREQINFO} + E_{MBURSTLENGTH} + E_{MBURSTSEQ}$

De même l'énergie associée à une réponse OCP s'écrit selon l'équation suivante:

$E_{reponse} = E_{SRESP} + E_{SDATA} + E_{SRESPINFO}$

L'énergie associée à un cycle d'inactivité d'un bus, nous supposons, dans notre travail, qu'elle est nulle.

Estimation de la consommation au niveau CABA

Un bus peut avoir trois états : soit il est inactif, soit il véhicule une requête à un esclave, soit il véhicule une réponse à un maître. La figure 2.10 représente la FSM du bus.

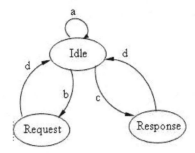

Figure 2.10 - *FSM de l'estimateur du bus*

Après avoir véhiculé une requête ou une réponse, le bus retourne à l'état d'inactivité puisqu'il nécessite plus qu'un cycle pour pouvoir faire un transfert.

2.7 Conclusion

A travers ce chapitre, nous avons essayé de présenter l'état de l'art de la consommation d'énergie à différents niveaux d'abstraction, aborder la méthodologie d'estimation de la consommation au niveau CABA ainsi qu'étudier les différents modèles de composants SoCLib pour pouvoir dégager nos estimateurs de consommation.

CHAPITRE 3
Conception, Réalisation et Co-simulation

3.1 Introduction

Une exploration architecturale fiable pour les systèmes MPSoC nécessite des modèles d'estimation de performance et de la consommation d'énergie à différents niveaux d'abstraction. Ceci permet une réduction dans le temps de conception du système et une meilleure exploration de l'espace des solutions.

Dans ce chapitre, notre objectif consiste à enrichir les simulateurs MPSoC décrits au niveau CABA par des modèles de consommation d'énergie. Nous avons proposé un méta - modèle d'estimation de la consommation basée sur des simulations de bas niveau et des modèles analytiques offrant un niveau acceptable de précision et de flexibilité.

Dans ce travail, nous avons conçu et développé des modèles de consommation pour certains composants d'un système MPSoC se basant sur la bibliothèque SoCLib. Notre objectif était de co-simuler tout le système avec systemC et d'obtenir des résultats proches de ceux obtenus par la méthode hybride.

En effet, ce chapitre présentera trois sections, nous avons commencé par la conception du modèle d'estimation ainsi que le modèle du wrapper utilisant l'approche UML. Ensuite, la deuxième section décrit les différentes phases de réalisation. La troisième section présente les résultats obtenus par co-simulation.

3.2 Conception avec l'approche UML

Dans ce travail, notre objectif est la conception de deux modèles permettant aux concepteurs des systèmes MPSoC de modéliser leurs estimateurs de consommation d'énergie ainsi que des adaptateurs d'interfaces VCI/OCP éventuellement utilisés pour en générer par la suite le code SystemC à intégrer dans le simulateur.

3.2.1. Méta - modèle d'un wrapper

Vu que notre expérimentation pour valider nos modèles de consommation va se baser sur les composants de la bibliothèque SoCLib et que certains (mémoire SRAM et bus) utilisent les signaux du protocole VCI et que les estimateurs que nous allons développer sont à base du protocole OCP, nous avons besoin alors d'adaptateurs d'interfaces VCI/OCP permettant de convertir les signaux VCI en signaux OCP. Pour cette raison, nous avons conçu un modèle générique de wrapper qui permet d'effectuer l'adaptation entre n'importe quelles deux interfaces au niveau CABA. Cette solution générique a pour avantage de permettre la réutilisation de ce méta- modèle pour des protocoles de communication autres que VCI et OCP.

En effet, ce wrapper doit être branché entre le composant et l'estimateur comme montre la figure 3.1.

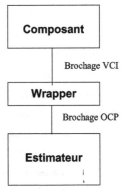

Figure 3.1 – *Brochage d'un wrapperVCI/OCP*

Un wrapper a deux interfaces correspondantes à deux protocoles de communication différents. Son rôle est de prendre en entrée une requête ou une réponse sur un certain format et de la transformer dans un autre format conforme à un protocole de communication différent du protocole d'entrée. C'est l'exemple des wrappers VCI/OCP que nous avons utilisé dans notre travail. Le principe du wrapper est d'adapter chaque signal du protocole d'entrée à son correspondant du protocole de sortie.

Le document [6] présente un formalisme selon la notation UML d'un adaptateur d'interface entre deux niveaux d'abstraction. Nous avons présenté en figure 3.2 une adaptation de cette description plus appropriée à notre contexte.

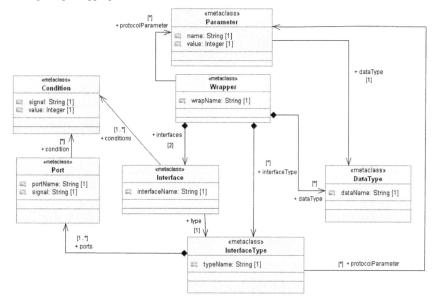

Figure 3.2 - *Méta- modèle du Wrapper*

Chaque méta-modèle doit avoir un concept racine ou concept de base. Il s'agit de la méta-classe Wrapper dans notre cas. Ce concept est composé de plusieurs méta-classes permettant de traduire le fonctionnement d'un adaptateur d'interface. En fait, il est associé par composition à trois méta-classes : Interface représentant l'un des deux prototocoles de communication (VCI ou OCP dans notre cas), la méta-classe InterfaceType représentant un type d'interface correspondant à un protocole de communication. Une métaclasse DataType représentant le type de données systemC doit être associé aussi au concept de base. L'adaptation des signaux doit se faire suivant des conditions : si (interfaceA.portA=a) alors (interfaceB.portB ← b) ou encore si les deux ports sont équivalents nous obtenons interfaceA.portA ← interfaceB.portB. Ces conditions de traduction des signaux d'une interface à leurs correspondants de l'autre interface sont gérées par une méta-classe Condition.

Les différents concepts de ce méta- modèle sont résumés dans le tableau 3.1

Concepts	Spécifications
Wrapper	concept racine du méta- modèle.
Condition	Expression booléenne permettant de spécifier l'adaptation d'un signal à un autre.
Interface	Interface du Wrapper : soit VCI soit OCP
InterfaceType	Type d'interface correspondant à un port avec des paramètres du protocole.
Port	Désigne le port d'entrée VCI ou le port de sortie OCP
Parameter	Paramètres du protocole de communication
DataType	Type des paramètres du protocole de communication

Tableau 3.1 - *Concepts du méta- modèle du wrapper VCI/OCP*

3.2.2. Méta- modèle d'un estimateur de la consommation d'énergie

Suivant le fonctionnement général d'un estimateur, nous avons pu dégager un méta-modèle composé par plusieurs méta-classes permettant de faire l'adaptation des différents signaux de deux protocoles de communication.

Ce méta- modèle a des éléments génériques qui peuvent exister pour n'importe quel estimateur de performance. Ainsi, il est composé de deux grandes parties : FSM et Estimator.

Le document [6] présente un formalisme selon la notation UML2 du métamodèle d'un FSM. Nous avons présenté en figure 3.3 une adaptation de cette description plus appropriée de notre contexte.

En fait, tout FSM passe par plusieurs états. Ainsi la modélisation d'un FSM nécessite plusieurs méta-classes telles que : FSM, Condition, State, Transition et Action.

La méta-classe FSM présente le concept racine ou concept de base du méta-modèle FSM. Ce concept est composé de plusieurs méta-classes telles que :

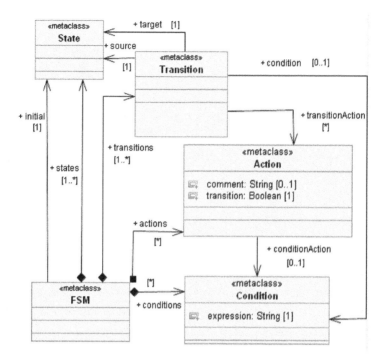

Figure 3.3 – *Méta-classes de la FSM*

- State présentant les différentes états de la FSM (lecture, écriture, attente, etc.).

- Transition présentant l'état source et l'état destination de la FSM. Elle peut être conditionnée par une condition ou effectuée dès que l'automate se trouve dans un état donné.

- Action présentant deux types : soit une affectation pour une variable interne de l'estimateur ou un appel de fonction qui manipule aussi ces variables internes.

- Condition présentant les différentes conditions d'envoi ou de réception des transactions.

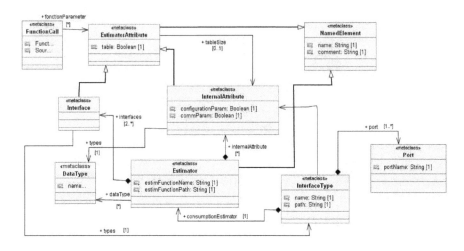

Figure 3.4 – *Métaclasses de l'estimator*

Comme tout métamodèle, l'estimateur doit avoir des métaclasses génériques comme FunctionCall, NamedElement, EstimatorAttribute et DataType. Un estimateur est caractérisé par l'interface de communication avec le composant approprié (métaclasse Interface), le type d'interface maitre ou esclave (métaclasse InterfaceType) et des ports d'entrée pour spécifier le signal concerné (métaclasse Port).

Les différents concepts du méta- modèle de l'estimateur de la consommation d'énergie sont résumés dans le tableau 3.2.

Concepts	Significations
NamedElement	Permet de donner un nom et un commentaire aux éléments de l'estimateur.
Estimator	Concept racine du méta- modèle : Estimateur de consommation
InterfaceType	Type d'interface OCP : Master ou Slave paramétré avec la taille du champ adresse, données, etc.
Port	Port d'entrée pour un type d'interface.
Interface	Interface OCP de l'estimateur
InternalAttributes	Eléments produits lors de la transition précédente. Les attributs de configuration et de la communication.
FSM	Machine à états finis de l'estimateur composée d'états, de transitions et de conditions.
State	Etat de l'estimateur.
Transition	Transition avec état source et état destination (incrémentation des compteurs d'activité)
Condition	Condition peut servir pour une transition d'un état à un autre ou comme condition pour effectuer une action.
Action	Une action peut être une affectation ou un appel de fonction (FunctionCall).

FunctionCall	Elle désigne un appel de fonction.
FunctionParameter	Elle désigne les paramètres d'une fonction.
DataType	Types de données de l'estimateur.

Tableau 3.2- Concepts du méta- modèle d'un estimateur de consommation d'énergie

3.3 Réalisation

La phase de réalisation consiste à générer le code d'implémentation en systemC au niveau CABA de chaque méta-modèle (wrapper et estimateur) à part. Puis, développer les modules nécessaires pour les intégrer dans le simulateur des MPSoC disponible et faire la co-simulation de la plateforme SoCLib pour tester et valider nos estimateurs de consommation.

En fait, après génération du code d'implémentation en systemC de chaque composant avec le plugin JET (Java Emitter Templates) [51] dans Eclipse, nous avons mis au point ces codes générés et nous avons rajouté la sémantique systemC et la partie métier (fonctionnalités de chaque composant).

3.3.1. Phase de modélisation

Après avoir modélisé les méta- modèles de l'adaptateur d'interfaces et l'estimateur de la consommation avec Papyrus, nous avons utilisé EMF (Eclipse Modeling Framework) pour générer et construire nos modèles. La dernière étape du processus de construction des deux modèles permet la génération du code d'implémentation en SystemC et puis développer les fonctionnalités nécessaires de chaque partie. Dans les sections suivantes, nous présentons la partie métier et la partie systemC faisant parti de notre contribution.

3.3.2. Développement des wrappers

Etant donné que les composants mémoire SRAM et le bus de la SoCLib utilisent le protocole VCI comme interface de communication, nous avons recours à générer et développer deux fichiers include vcii_ocps.h et vcit_ocpm.h pour faire l'adaptation de la mémoire et le bus et leurs estimateurs.

En fait, dans la bibliothèque SoCLib, la mémoire utilise les signaux VCI cible et le bus utilise les signaux VCI initiateur. Pour cette raison, nous avons besoin de deux types de wrappers: un wrapper qui a une interface VCI cible et une interface OCP maître (fichier vcit_ocpm.h) pour se connecter entre le bus et son estimateur et un wrapper qui a une interface VCI initiateur et une interface OCP esclave (fichier vcii_ocps.h) pour se connecter entre la mémoire et son estimateur.

Dans ce qui suit, nous présentons la description détaillée des deux types d'adaptateurs (wrappers) :

- Wrapper VCI-Maitre_OCP-Esclave : VCI Initiator – OCP Slave

- Wrapper OCP-Maitre_VCI-Esclave : VCI Target – OCP Master

3.3.2.1. Wrapper VCI Initiateur – OCP Esclave

Ce type de wrapper sera utilisé pour se connecter aux interfaces VCI cibles des mémoires et aux interfaces OCP esclave de son estimateur. Ainsi, les mémoires auront des interfaces OCP esclaves capables d'être connectées directement aux estimateurs de mémoires.

La figure 3.5 représente l'architecture externe de l'adaptation des signaux VCI Initiateur et OCP Esclave.

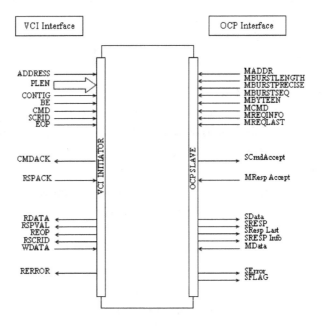

Figure 3.5 - Adaptation des signaux VCI Initiateur –OCP Esclave

Le principe ici est de faire l'adaptation de chaque signal VCI avec son ou ses correspondants OCP. Par exemple, le signal d'adresse ADDRESS de l'interface VCI lui correspond le signal d'adresse MADDR de l'interface OCP, ceci est traduit en SystemC comme suit :

```
VCI.ADDRESS.write(OCP.MADDR.read());
```

Le signal VCI initiateur « longueur du paquet en octets » « PLEN » de taille 8bits est traduit à ses correspondants MBURSTLENGTH (8) et MBURSTPRECISE (1). Le signal de signalisation des erreurs dans les réponses « RERROR » est traduit en deux signaux OCP : SERROR et SFLAG pour désigner le défaut de cache au cours des transactions entre le processeur et le cache.

Les lignes de code SystemC suivantes représentent l'adaptation de quelques signaux du protocole VCI avec leurs correspondants du protocole OCP.

```
VCI.ADDRESS.write(OCP.MADDR.read());

VCI.BE.write(OCP.MBYTEEN.read());
VCI.WDATA.write(OCP.MDATA.read());
VCI.RSPACK=OCP.MRESPACCEPT;

if(OCP.MBURSTPRECISE==true){
VCI.PLEN.write((OCP.MBURSTLENGTH.read())<<2);}
else VCI.PLEN.write(0);

VCI.CONS=false;
VCI.WRAP=false;

if (((int)OCP.MBURSTSEQ.read() & 0x7)==OCP_SEQ_INCR){VCI.CONTIG=true;}
else {VCI.CONTIG=false;}

VCI.EOP=OCP.MREQLAST;
VCI.SCRID.write(OCP.MREQINFO.read());
```

3.3.2.2. Wrapper VCI Cible – OCP Maitre

Ce type d'adaptateur sera utilisé pour se connecter aux interfaces VCI initiateurs du bus. Ainsi, le bus aura des interfaces OCP maîtres à la place des interfaces VCI initiateurs et il peut ainsi communiquer avec des composants ayant des interfaces OCP esclaves tels que l'estimateur du bus. La figure 3.6 représente les signaux adaptés entre les deux interfaces VCI et OCP.

L'adaptation des signaux dans ce wrapper se base sur le même principe que le premier wrapper VCI initiateur – OCP esclave.

Par exemple, le signal cible «RSPACK» de l'interface VCI est traduit en un signal esclave de l'interface OCP qui est « MRespAccept ».

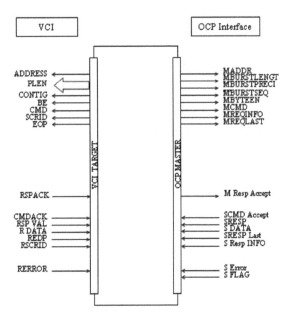

Figure 3.6 - *Adaptation des signaux VCI Cible – OCP Maître*

3.3.3. Développement des estimateurs de la consommation

Suivant notre étude, notre travail porte sur cinq estimateurs :

- un estimateur pour le processeur,
- deux estimateurs pour le xcache (cache de données et cache d'instruction),
- un estimateur pour la mémoire SRAM
- un estimateur pour le bus.

Le méta- modèle conçu permet de construire d'autres modèles pour d'autres composants. Dans ce travail, nous visons la validation de nos modèles de consommation pour les quatre composants étudiés (processeur, mémoire, xcache et interconnexion).

Chaque estimateur décrit à cette phase en OCP dispose d'un FSM qui décrit le fonctionnement du composant concerné (FSM décrites en détails dans la section 2.6 du chapitre 2).

Le nombre de transactions entre un composant et ses voisins reflète son activité et par conséquent, l'énergie consommée ou dissipée selon les travaux de l'équipe de LIFL et publiés dans [50], il y a une forte corrélation entre l'énergie consommée et la quantité de données échangée entre un composant et ses voisins.

Nous rappelons ici la consommation du cache de données donnée par : $E = \sum_{i} N_i \times C_i$, et qui traduit la relation de cette mémoire avec le MIPS et la SRAM en échangeant les données entre eux.

$$E_{Dcache} = n_{read\_data}.E_{read\_data} + n_{write\_data}.E_{write\_data} + n_{read\_dir}.E_{read\_dir} + n_{write\_dir}.E_{write\_dir}$$
$$+ n_{read\_uncached}.E_{read\_unchached} + n_{idle}.E_{idle}$$

D'après l'estimation de la consommation étudiée dans la section 2.6 du chapitre 2, nous avons remarqué que chaque composant à une consommation calculée suivant son fonctionnement traduit par un FSM.

On peut déduire alors que l'énergie globale consommée par un circuit ou une architecture est égale à la somme des énergies consommées par les différents composants.

3.3.4. Développement d'un estimateur global

La consommation d'énergie d'une application exécutée sur une plateforme est égale à la somme des consommations dans les différents composants.

Afin d'évaluer la consommation totale du système MPSoC, nous avons développé un estimateur global permettant de cumuler à chaque cycle les consommations des différents estimateurs des composants qui y sont connectés.

Cet estimateur global a comme entrée les différentes consommations résultantes des autres estimateurs et comme sortie la consommation globale.

3.3.5. Intégration des signaux OCP dans les composants SoCLib

Comme nous avons déjà mentionnée précédemment, la mémoire et le bus se basent sur les signaux VCI et donc nous avons recours à la conception des wrappers VCI/OCP pour leur permettre de se connecter à leurs estimateurs. Par contre, SoCLib n'utilise pas les interfaces VCI pour la connexion entre le processeur et le cache vu que ce protocole ne permet pas de prendre en compte le signal de défaut de cache qui est très nécessaire pour la communication processeur - cache. Pour cette raison, SoCLib utilise un type d'interfaces spécifiques aux caches (UNC, MISS, REQ, TYPE, etc.). La solution de création de wrappers entre ce type d'interface et le protocole OCP ne résout pas le problème vu que ne nous pouvons pas dégager plusieurs signaux d'OCP à partir des signaux des interfaces spécifiques aux caches de SoCLib. Pour cette raison, nous avons réécrit les codes des IPs processeur et Xcache en faisant introduire les signaux OCP pour pouvoir se connecter aux estimateurs.

Les lignes de code suivantes représentent un exemple de modifications permettant l'intégration des signaux OCP.

Avant modifications (Code SoCLib) :

```
} else if (DCACHE.BERR == true) {
    exception_signal = X_DBE;
    exception_adress = adr;
    break;
}
if (ins_rt != 0){ GPR[ins_rt][MC_CTXT] = (int)DCACHE.RDATA.read(); }
next_pc = PC[MC_CTXT] + 4;
break;
}

   switch (ins_opcode) {

       case OP_LB:
       adr    = GPR[ins_rs][MC_CTXT] + ins_misc;
//         if (!strcmp(NAME,"mips0"))
//         printf("OP_LB:%x\n",adr);
       index = (adr >> (32 - MSB_NUMBER)) & MSB_MASK;
       DCACHE.UNC = UNCACHED_TABLE[index];
       DCACHE.REQ = true;
       DCACHE.ADR = (sc_uint<32>)adr;
       DCACHE.TYPE = (sc_uint<3>)DTYPE_RW;
       DCACHE.WDATA = (sc_uint<32>)0x0;
       break;
```

Après modifications (ajout des signaux OCP) :

```
       break;
} else if (DCACHE.SERROR == true) {
    exception_signal = X_DBE;
    exception_adress = adr;
    break;
}
if (ins_rt != 0){ GPR[ins_rt][MC_CTXT] = (int)DCACHE.SDATA.re
next_pc = PC[MC_CTXT] + 4;
break;
}
```

```
switch (ins_opcode) {

    case OP_LB:
    adr    = GPR[ins_rs][MC_CTXT] + ins_misc;

    index = (adr >> (32 - MSB_NUMBER)) & MSB_MASK;

    DCACHE.MADDR = (sc_uint<32>)adr;

    DCACHE.MCMD=OCP_CMD_RD;RD++;
    DCACHE.MBYTEEN.write(0xF);
    mreqinfo=(DTYPE_RW<<1)+UNCACHED_TABLE[index];
    DCACHE.MREQINFO.write(mreqinfo);
    DCACHE.MDATA = (sc_uint<32>)0x0;
    break;
```

3.3.6. Intégration des composants générés dans un simulateur

Afin de simuler et tester notre modèle, nous avons développé un fichier script permettant l'instanciation des composants de SoCLib ainsi que les adaptateurs des interfaces et les estimateurs de consommation générés et de faire la connexion entre eux. La simulation des différents éléments vise à exécuter une application adaptée aux différentes architectures parallèles utilisées (4 processeurs, 8 processeurs, 16 processeurs, etc.).

3.3.7. Architecture

La méthodologie d'estimation de l'énergie que nous avons adopté consiste à utiliser une architecture multiprocesseur pilotée par une fréquence d'horloge relativement réduite d'un coté et d'adapter l'architecture du ou des processeurs aux spécificités de l'application de l'autre coté. Cette opération d'adaptation de l'architecture consiste en réalité à trouver la configuration (déterminer les paramètres) matérielle permettant d'obtenir un maximum de performances avec le minimum de consommation d'énergie.

En fait, la plateforme SoCLib que nous avons utilisé est une architecture composée de plusieurs processeurs en parallèles (4, 8, 16, 32, ou 64), chaque processeur communique avec une mémoire cache (de type Xcache). Un bus permet l'interconnexion entre les différents composants du système et une mémoire est partagée entre les différents processeurs (de type SRAM).

La figure 3.7 représente un exemple d'architecture utilisée par la SoCLib. Pour des raisons de simplification, nous avons représenté une architecture à deux processeurs. Dans cette architecture, les processeurs sont de type MIPS R3000, les mémoires caches sont de type xcache, chacune est composée de cache de données (Dcache) et cache d'instructions (Icache), le bus d'interconnexion est de type bus et la mémoire est de type SRAM composée de mémoire de données (Data RAM) et mémoire d'instruction (Instruction RAM). Dans cette architecture, nous avons connecté un estimateur de consommation d'énergie à chaque composant. En effet, chaque processeur a un estimateur (MIPS Estimator), la mémoire cache à deux estimateurs (Dcache estimator et Ichache estimator), un estimateur pour l'interconnexion (bus estimator) et deux estimateurs pour la mémoire (Data RAM estimator et Instruction RAM estimator).

Un estimateur de consommation doit être associé à chacun des cinq composants (processeur, cache de données, cache d'instructions, mémoire et bus). En effet, tant que notre architecture est multiprocesseur, le nombre de processeurs de l'architecture est donné comme argument pour le fichier script ainsi que les différents paramètres de configuration comme le nombre de processeurs, le nombre de lignes et nombre de mots des caches, la taille de la mémoire, les paramètres des protocoles de communication VCI et OCP, nombre de cycles de la simulation et le seuil de la consommation.

3.3.8. Choix de l'application

Pour tester notre modèle, une application doit être mise en place afin de la simuler. Cette application est compilée avec le compilateur du MIPS qui est le modèle de processeur utilisé dans SoCLib. Après l'édition des liens, nous obtenons un fichier exécutable. Les adresses et les tailles des segments de données et d'instructions sont fournies aux moments de l'édition des liens. Avant de commencer la simulation, les différents segments sont stockés dans des mémoires partagées d'instructions et de données (figure 3.8).

Comme nous avons déjà dit, les architectures que nous utilisons dans notre travail ont une mémoire d'instructions et une mémoire de données partagées par les processeurs.

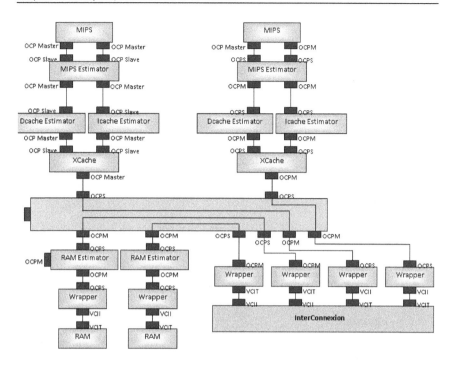

Figure 3.7 - *Exemple d'intégration des modules d'estimation dans un système MPSoC*

Notons que cette architecture peut être modifiée en agissant sur le nombre de modules mémoire, la taille de chacun des modules, le placement des différents segments, etc. Cette flexibilité permet d'explorer un grand espace de solutions et améliorer les performances du système en agissant sur sa configuration.

Nous avons choisi la transformation cosinus discrète (DCT ou Discrete Cosine Transform) comme application pour tester et valider les estimateurs de consommation d'énergie.

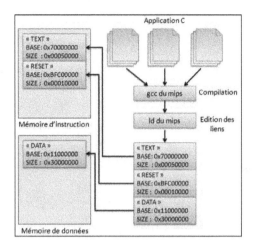

Figure 3.8 - Compilation de l'application pour la simulation

3.4 Co-simulation

Pour faire la co-simulation de nos modules de consommation d'énergie, plusieurs étapes doivent être établies d'abord.

Afin de permettre à l'utilisateur de compiler et exécuter facilement le simulateur, il est nécessaire de générer en plus des fichiers sources un fichier Makefile. Ce fichier, usuel dans le cadre de développement UNIX, permet d'automatiser entièrement la compilation et l'édition de liens des fichiers du simulateur. Après l'exécution de la commande, l'utilisateur peut lancer la simulation en exécutant le programme généré.

Dans la génération, une grande partie du fichier Makefile est statique : les commandes permettant de compiler chaque type fichier supporté (actuellement SystemC, C++, et C), les commandes pour effectuer l'édition de lien, et la liste des fichiers à compiler. Le reste du fichier généré permet de compiler les fichiers sources des IP.

Par ailleurs, pour tester et valider notre travail par rapport à la méthode hybride, nous avons fait la co-simulation de plusieurs tests en deux grandes étapes :

- la première étape se base sur la variation du nombre de processeurs (4, 8, 16 et 32) avec fixation de la taille du cache.

- la deuxième étape se base sur la variation de la taille de la cache sur une même architecture à 8 processeurs.

3.4.1. Variation du nombre de processeurs avec fixation de la taille du cache

Dans un premier temps, nous avons fixé la taille des caches d'instructions et de données à 16 Ko et nous avons varié à chaque fois le nombre de processeurs. La simulation de chaque architecture donne les consommations mesurées à chaque cycle par les différents estimateurs des composants. Sachons que le composant bus n'est pas encore disponible dans la bibliothèque SoCLib, alors la consommation de l'interconnexion ne figure pas parmi les consommations obtenues. Pour faire la simulation avec l'interconnexion, nous avons utilisé un réseau d'interconnexion qui existe déjà.

La figure 3.9 illustre les consommations des différents composants (MIPS, SRAM, Dcache et Icache) en fonction du nombre de processeurs (4, 8, 16 et 32) estimées par les simulateurs des différentes architectures.

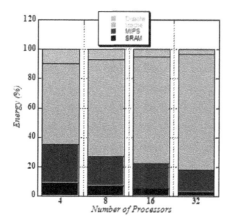

Figure 3.9 – *Consommation d'énergie dans les différents composants en fonction du nombre de processeur*

Les résultats obtenus par ces différentes simulations montrent que le composant mémoire cache (cache de données et cache d'instruction) est le plus consommateur en énergie que le MIPS et la SRAM. Aussi, nous remarquons que la cache d'instructions consomme plus que la cache de données vu le nombre important d'instructions exécutées par le MIPS.

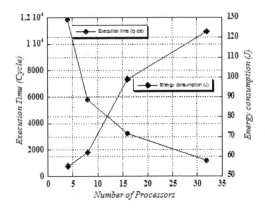

__Figure 3.10__ – Variation du temps d'exécution et de la consommation d'énergie en fonction du nombre de processeurs

D'après la figure 3.10, le temps d'exécution de la simulation diminue en passant de l'architecture 4 processeurs à l'architecture à 16 processeurs. Nous remarquons aussi d'après cette figure que l'augmentation du nombre de processeurs fait augmenter la consommation d'énergie de l'application, cette augmentation est le résultat des contentions au niveau de l'interconnexion. Alors, la performance (temps d'exécution) augmente quand nous augmentons le nombre des processeurs. C'est l'avantage des architectures parallèles.

Nous pouvons conclure que l'architecture à 8 processeurs est la plus acceptable puisque elle donne plus de performances (temps d'exécution et consommation d'énergie) par rapport aux autres architectures.

3.4.2. Variation de la taille du cache avec fixation du nombre de processeurs

D'après les résultats obtenus précédemment, nous avons choisi la plateforme à 8 processeurs pour faire une deuxième étude en faisant varier la taille du cache. L'objectif ici est d'évaluer l'impact des tailles des caches sur les performances et la consommation d'énergie totale du système. Pour cela, nous avons exécuté notre application en faisant varier la taille des caches de données et d'instructions entre 64 octets et 32 Ko.

La figure 3.11 présente les résultats de simulation. Généralement, plus grande est la taille du cache, plus petit sera le temps d'exécution. Les résultats dépendent cependant de la taille des tâches et des données à traiter. Dans notre exemple, le passage de 128 octets à 1 Ko fait augmenter les performances alors que pour des tailles supérieures à 2 ko ces performances ne changent pas. Du point de vue de la consommation, l'énergie totale du système décroît avec l'augmentation des tailles de caches. Au-delà d'une certaine limite (1 Ko), la consommation du système commence à accroître.

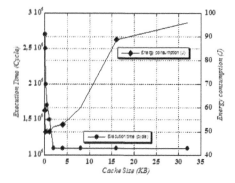

Figure 3.11 - *Variation du temps d'exécution et de la consommation d'énergie en fonction de la taille du cache (8 processeurs, taille des blocs des caches (32 octets)*

3.5. Conclusion

Dans ce chapitre, nous avons présenté la conception de nos modèles d'estimation de la consommation, les différentes parties de la réalisation de notre solution ainsi que les résultats de la co-simulation avec l'application de la DCT. L'approche que nous avons adoptée nous a permis d'obtenir des résultats acceptables d'estimation en se basant sur la détection des signaux échangés entre les composants.

En comparant les résultats de notre modèle basé sur l'approche d'estimateurs connectés aux composants et la méthode hybride nous avons réussi à valider notre approche.

Conclusion et Perspectives

Une exploration architecturale fiable pour les systèmes MPSoC nécessite des outils d'estimation de performance et de la consommation d'énergie à différents niveaux d'abstraction. Ceci permet une réduction dans le temps de conception du système et une meilleure exploration de l'espace des solutions.

Dans ce document, nous sommes basé sur l'approche UML qui nous a permis d'implémenter une solution offrant la possibilité aux concepteurs des systèmes MPSoC d'intégrer l'estimation de la consommation de l'énergie dans la phase de simulation, ce qui leur permet d'explorer différentes alternatives architecturales pour converger vers celle qui permet de faire le meilleur compromis entre une consommation minimale et une optimisation d'autres métriques telles que la performance, le coût de développement et le time to market.

En fait, nous avons commencé par une recherche bibliographique concernant les différents aspects de la conception des systèmes MPSoC, ainsi que les différentes méthodes d'estimation de la consommation. En deuxième lieu, nous avons présenté notre contribution qui permet de concevoir et développer un modèle pour l'estimation de la consommation d'énergie pour les systèmes MPSoC. Ce modèle permet aux concepteurs des MPSoC de suivre la consommation au cours de la simulation logicielle/matérielle en vue de prendre en compte ce critère dans l'exploration des différentes alternatives. Ensuite, ce modèle est intégré dans un simulateur qui prend en compte les paramètres architecturaux et les paramètres technologiques. Cette approche permet de localiser l'unité fonctionnelle qui consomme le plus d'énergie. Ce qui permet au concepteur de proposer une nouvelle architecture de cette unité pour réduire ainsi l'énergie consommée.

Afin de valider notre solution, nous avons recours à une comparaison des résultats de simulations et ceux obtenus par les équipes de LIFL.

Parmi les perspectives de notre travail, l'intégration de ce modèle proposé dans l'environnement Gaspard2, plus précisément dans le profil de déploiement de Gaspard2 pour pouvoir associer les estimateurs aux composants dans la phase de déploiement. De cette façon, notre solution sera exploitée dans le cadre de Gaspard2. Nous pouvons aussi enrichir notre solution par d'autres modules d'estimation pour d'autres composants comme accélérateurs matériels, le DMA et la DCT matériel.

D'autres coté, nous pouvons aussi ajouter d'autres estimateurs pour le temps d'exécution sans avoir recours aux résultats obtenus par les compteurs insérés dans les codes des IPs de la SoCLib.

REFERENCES

[1] R. Ben Atitallah, "Modèles et simulation des systèmes sur puce multiprocesseurs - Estimation des performances et de la consommation d'énergie", Thèse de doctorat USTL, laboratoire LIFL, 2008.

[2] A. Sasongko, "Prototypage basé sur une plateforme reconfigurable pour la vérification des systèmes monopuces", Thèse de doctorat INPG, laboratoire TIMA, 2004.

[3] D. D. Gajski and R. H. Kuhn, "New VLSI-tools", IEEE Computer, 16(12) :11–14, 1983.

[4] F. Rousseau, " Conception des systèmes logiciel/matériel : du partitionnement logiciel/matériel au prototypage sur plateformes reconfigurables ", Thèse d'habilitation à diriger des recherches, Université Joseph Fourier Grenoble, 2005.

[5] G. Nicolescu, "Specification and validation for heterogeneous embedded systems", Thèse de doctorat, Laboratoire TIMA, UJF Grenoble, 2002.

[6] L. Bondé, "Transformations de Modèles et Interopérabilité dans la Conception de Systèmes Hétérogènes sur Puce à Base d'IP", Thèse de doctorat, LIFL, Université de Lille 1, 2006.

[7] M. Graphics, Seamless cve, http://www.mentor.com/products/fv/seamless/.

[8] COWARE, N2C, http://www.coware.com/.

[9] Synopsys. NanoSim datasheet: Memory and mixed signal verification. http://www.synopsys.com.cn/products-and-solutions/mixedsignal/nanosim/nanosim_ds.pdf.

[10] D. D. Gajski, J. Zhu, R. Dömer, A. Gerstlauer, and S. Zhao. SpecC: Specification Language and Methodology. Kluwer, 2000.

[11] T. Grotker, S. Liao, and G. Martin. System Design with SystemC. Kluwer, 2003.

[12] A. Donlin. Transaction level : flows and use models. In CODES+ISSS'04, Stockholm, Sweden.

[13] L. Cai and D. Gajski. Transaction level modeling : an overview. In CODES+ISSS'03, New York, USA.

[14] CoWare Inc, ConvergenSC. http://www.coware.com/products.

[15] F. Fummi, S. Martini, G. Perbellini, and M. Poncino. Native ISS-SystemC integration for the co-simulation of multi-processor SoC. In Date'04 : Proceedings of the conference on Design, automation and test in Europe, Paris,France.

[16] U. of Berkeley (USA). Spice manual, http://bwrc.eecs.berkeley.edu/Classes/IcBook/SPICE/

[17] Synopsys. Power-Gate(TM): a dynamic, simulation-based, gate-level power analysis tool. Synopsys, http://www.synopsys.com/news/pubs/rsvp/fall97/rsvp_fall97_5.html.

[18] Philips Electronic Design and Tools Group, Philips Research. DIESEL User Manual, version 2.5 edition, June 2001.

[19] R. P. Llopis and K. Goossens. The petrol approach to high-level power estimation. In ISLPED '98 : Proceedings of the 1998 international symposium on Low power electronics and design, CA, USA, 1998.

[20] Y. Li and J. Henkel. A framework for estimating and minimizing energy dissipation of embedded hw/sw systems. In The 35th Design automation conference, 1998.

[21] I.D Petkov, "Conception des systèmes monopuce multiprocesseur : de la simulation vers la réalisation", Thèse de doctorat Université Joseph Fourrier, TIMA- ECAD, 2006.

[22] J. Henkel. A low power hardware/software partitioning approach for core-based embedded systems. In The 36th Design automation conference, 1999.

[23] IEEE Standard 1076-1987, "IEEE Standard VHDL Language Reference Manual", IEEE Press, 1988.

[24] SystemVerilog. http://www.systemverilog.org/, 2008.

[25] IEEE Standard 1364-1995, "IEEE Hardware Description Language Based on the Verilog", IEEE Press, 1996.

[26] D. Brooks, V. Tiwari, and M. Martonosi. Wattch : a framework for architectural-level power analysis and optimizations. In Proceedings of the 27th annual international symposium on Computer architecture, pages 83 94, 2000.

[27] Open SystemC Initiative, "SystemC 2.1.0 Language Reference Manual", www.systemc.org, 2008.

[28] W. Ye, N. Vijaykrishnan, M. Kandemir, and M. Irwin. The Design and Use of Simple-Power : A Cycle Accurate Energy Estimation Tool. In Design Automation Conf, June 2000.

[29] SpecC Technology Open Consortium. SpecC. http://www.specc.gr.jp/eng/index.html, 2008.

[30] V. Tiwari, S. Malik, and A. Wolfe. Power analysis of embedded software : A first step towards software power minimization. In Transactions on VLSI Systems, 1994.

[31] A. Sinha and A. P. Chandrakasan. JouleTrack : a web based tool for software energy profiling. In The 38th conference on Design automation, NY, USA, 2001. ACM.

[32] E. Senn, J. Laurent, N. Julien, and E. Martin. SoftExplorer : estimation, characterization and optimization of the power and energy consumption at the algorithmic level. In IEEE PATMOS, Santorin, Grèce, 2004.

[33] S. project. An open platform for modelling and simulation of multi-processors system on chip. http://soclib.lip6.fr/Home.html.

[34] L. Benini, D. Bertozzi, A. Bogliolo, F. Menichelli, and M. Olivieri. MPARM : Exploring the Multi-Processor SoC Design Space with SystemC. J. VLSI Signal Process. Syst., 41(2) :169–182, 2005.

[35] WEST Team LIFL, Lille, France. Graphical Array Specification for Parallel and Distributed Computing (GASPARD-2). https://gforge.inria.fr/projects/gaspard2/, 2008.

[36] C. Piguet. Low-Power Electronics Design. CRC Press, 2004.

[37] K. Roy, S. Mukhopadhyay, and H. Mahmoodi-Meimand. Leakage current mechanisms and leakage reduction techniques in deep-submicrometer cmos circuits. Proceedings of the IEEE, 91(2) :305–327, February 2003.

[38] A. Turier. Etude, conception et caractérisation des mémoires CMOS, faible consommation, faible tension en technologies submicroniques. PhD thesis, Université Pierre et Marie Curie, Paris, France, 2000.

[39] E. Riccobene, P. Scandurra, A. Rosti, and S. Bocchio. A UML 2.0 profile for SystemC: toward high-level SoC design. In EMSOFT'05 : Proceedings of the 5th ACM international conference on Embedded software, NJ, USA, 2005.

[40] N. Julien, J. Laurent, E. Senn, and E. Martin. Power Estimation of a C Algorithm Based on the Functional Level Power Analysis of a Digital Signal Processor. In ISHPC '02: Proceedings of the 4th International Symposium on High Performance Computing, London, UK, 2002.

[41] J. Laurent, N. Julien, E. Senn, and E. Martin. Functional level power analysis: An efficient approach for modeling the power consumption of complex processors. In DATE'04 : Proceedings of the conference on Design, automation and test in Europe, DC, USA, 2004.

[42] P. R. Panda and N. D. Dutt. Memory Architectures for Embedded Systems-On-Chip. In 9th International Conference High Performance Computing, 2002.

[43] D. Lyonnard, "Approche d'assemblage systématique d'élément d'interface pour la génération d'architecture multiprocesseurs", Thèse de doctorat, INPG, TIMA Grenoble, 2003.

[44] F. Gharsalli, "Conception des interfaces logiciel/matériel pour l'intégration des mémoires globales dans les systèmes monopuces", Thèse de doctorat, INPG, laboratoire TIMA, 2003.

[45] A. Grasset, F. Rousseau, A. A. Jerraya, "Network Interface Generation for MPSoC: from Communication Service Requirements to RTL Implementation", 15th IEEE International Workshop on Rapid System Prototyping (RSP 2004), Geneva, Switzerland, June 2004.

[46] L. Gauthier, "Génération de systèmes d'exploitation pour le ciblage de logiciel multitâche sur des architectures multiprocesseur hétérogènes dans le cadre des systèmes embarqué spécifiques", Thèse de doctorat, INPG, TIMA Grenoble, 2001.

[47] Y. Paviot, "Implémentations mixtes logicielles/matérielles des services de communication pour l'exploration du partitionnement logiciel/matériel", Thèse de doctorat, INPG, laboratoire TIMA, 2004.

[48] G. Nicolescu, "Spécification et validation des systèmes hétérogènes embarqués", Thèse de doctorat, INPG, laboratoire TIMA, 2002

[49] W.O. Cesario, D. Lyonnard, G. Nicolescu, Y. Paviot, S. Yoo, L. Gauthier, M. Diaz-Nava, A.A. Jerraya, "Multiprocessor SoC Platforms: A Component-Based Design Approach", IEEE Design & Test of Computers, Vol. 19 No. 6, November/December 2002.

[50] R. Ben Atitallah, S. Niar, A. Greiner, S. Meftali, and J.L. Dekeyser. Estimating energy consumption for an MPSoC architectural exploration. In Architecture of Computing Systems (ARCS'06), Frankfurt, Germany, March 2006.

[51] Eclipse Consortium. JET, Java Emitter Templates. http://www.eclipse.org/modeling/m2t/?project=jet, 2007.

[52] M. Graphics. Lsim power analyst : Transistor-level simulation, 2004. http://www.mentor.com/lsmpoweranalyst/datasheet.html.

[53] S. Meftali, "Exploration d'architectures et allocation/affectation mémoire dans les systèmes multiprocesseurs monopuce", Thèse de doctorat, Laboratoire TIMA, Université de Joseph Fourier, 2002.

[54] H. Charlery, A. Andriahantenaina, A. Greiner, Physical design of the VCI wrappers for the on-chip packet-switched network named SPIN; Microelectronics, 2004, ICM 2004 Proceedings. The 16th International Conference on 6-8 Dec. 2004 Page(s):726 – 729

[55] Yu Ming-Yan; Zhang Qing-Li; Wang Jin-xiang; Ye Yi-zheng; Lai Feng-chang; The design of AMBA AHB/VCI wrapper ; ASIC, 2003. Proceedings. 5th International Conference on Volume 1, 21-24 Oct. 2003 Page(s):438 - 442 Vol.1

[56] P. Hardee, "Transaction-level Modeling and the ConvergenSC Products", CoWare Inc., www.coware.com, 2008.

[57] Cadence Design Systems, "Cadence Incisive Platform", product datasheet, http://www.cadence.com/us/pages/default.aspx, 2008.

[58] C. Lennard, D. Mista, "Taking Design to the System Level", ARM Press disponible à www.arm.com, 2008.

[59] Synopsys Inc, "System Studio", product datasheet, www.synopsys.com, 2008.

[60] Synopsys Inc, "Synopsys coreTools for IP Reuse", product datasheet at www.synopsys.com, 2008.

[61] Mentor Graphics, "Platform Express User's Guide", at www. mentor.com, 2008.

[62] Mentor Graphics, "Seamless Hardware/Software Co-Verification", product datasheet at www.mentor.com/seamless, 2008.

[63] P. Runstadler and R. Crevier. "Virtual Prototyping for System Design and Verification". Technical report, Synopsys documentation, March 1995.

[64] Alta Group. "Signal ProcessingWorkSystem: DSP Processor Models User's Guide". Technical report, Cadence Design Systems, June 1996.

[65] Alta Group. "Application-Specific Design Automation Tools". Technical report, Cadence Design Systems, July 1996.

[66] U. de Berkeley. Ptolemy project. http://ptolemy.eecs.berkeley.edu.

[67] A. D. Pimentel. The artemis workbench for system-level performance evaluation of embedded systems. Journal of Embedded Systems, 1(7), 2005.

[68] F. Balarin, Y. Watanabe, H. Hsieh, L. Lavagno, C. Passerone, and A. Sangiovanni-Vincentelli. Metropolis: an integrated electronic system design environment. IEEE Computer, 36(4), Apr. 2003.

[69] GRACE++. System Level Design Environment for Network-on-Chip (NoC) and Multi-Processor platform (MP-SoC) exploration.

[70] S. Mohanty, V. K. Prasanna, S. Neema, and J. Davis. Rapid design space exploration of heterogeneous embedded systems using symbolic search and multi-granular simulation. In Conference on Languages, compilers and tools for embedded systems, Berlin, Germany, 2002.

[71] OMG, http://www.omg.org

[72] AMBA System Architecture, http://www.arm.com/products/solutions/AMBAHomePage.html

[73] Coreconnect protocol. http://www.ibm.com/chips/products/coreconnect

[74] Legacy Documents of the VSI Alliance, http://vsi.org/

[75] OCP International Partnership, http://www.ocpip.org/home

[76] http://www.st.com

[77] Altera, http://www.altera.com

[78] http://www.sonicsinc.com

[79] Virtual Socket Interface Alliance - http://www.vsi.org

[80] I.B. Bacivarov, "Evaluation des performances pour les systèmes embarqués hétérogènes, multiprocesseurs monopuces", Thèse de doctorat INPG, laboratoire TIMA, 2007.

[81] ARM Company Ltd. Advanced microprocessor bus architecture specification; 1997–1999. http://www.arm.com/Pro+Peripherals/AMBA/.

[82] Open Microprocessor Systems Initiative. PI-bus draft standard specification; 1994. ftp://www.omimo.be/ftp/standard/omi324.ps.

[83] Charlery H, Greiner A, Encrenaz E, Mortiez L, Adriahantenaina A. Using VCI in a on-chip system around SPIN network. In: Proceedings of the 11th international conference mixed design of integrated circuits and systems (MIXDES 2004). Poland: Szczecin; 2004. p. 571–6.

[84] Prosilog Home Page, www.prosilog.com

[85] Bertola, M.; Bois, G.; A methodology for the design of AHB bus master wrappers; Digital System Design, 2003. Proceedings. Euromicro Symposium on 1-6 Sept. 2003 Page(s):90 – 95

www.ingramcontent.com/pod-product-compliance
Lightning Source LLC
LaVergne TN
LVHW042342060326
832902LV00006B/330